LA STRUCTURE DE Clicmaths

2e cycle
du primaire

Ce manuel de l'élève contient les étapes 1 et 2.

Chaque étape comprend les éléments suivants :

- six situations d'apprentissage ;
- un Labo du hasard.

Le manuel se termine avec la rubrique Le savais-tu ?

LES SITUATIONS D'APPRENTISSAGE

Chaque situation d'apprentissage est répartie sur 10 pages et dure environ 7 périodes de mathématique.

1er temps : la préparation des apprentissages

La situation-problème

L'élève se trouve tout de suite en situation de résolution de problème. Le premier temps de la résolution du problème en est un de préparation. L'élève fait un retour sur ses acquis et essaie de trouver des stratégies de résolution. Il ou elle se questionne sur les nouvelles notions à explorer. L'élève fait aussi des liens avec les domaines de formation.

2e temps : la réalisation des apprentissages

La situation-problème

Le deuxième temps consiste pour l'élève à résoudre le problème qui lui est présenté. L'enseignante ou l'enseignant dispose d'une série de questions pouvant guider l'élève dans sa recherche de la solution.

Les activités

Généralement au nombre de trois, ces activités favorisent le développement de concepts liés à la résolution de la situation-problème. La manipulation et le travail d'équipe y sont habituellement encouragés. La section Je m'exerce qui suit chaque activité permet à l'élève d'appliquer immédiatement les nouveaux concepts ou processus mathématiques à acquérir.

Je m'entraîne

De nombreux exercices d'entraînement soutiennent l'élève dans le développement de ses raisonnements mathématiques. Certains exercices et problèmes sont essentiels, d'autres sont proposés en consolidation. De plus, des fiches reproductibles pour le soutien, la consolidation et l'enrichissement sont offertes dans le guide d'enseignement.

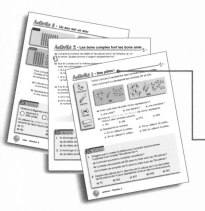

Essentiels   **En consolidation**

Je suis capable

L'élève résout un autre problème, en appliquant à la situation
proposée les concepts mathématiques étudiés, puis s'autoévalue.

Clic

Cette rubrique résume le contenu mathématique ou définit
le vocabulaire utilisé dans la situation.

Dans ma vie

En observant une illustration, l'élève s'interroge sur la façon dont
il ou elle réinvestit, dans la vie de tous les jours, les compétences
développées. La rubrique favorise les échanges d'opinions entre pairs
de même qu'entre les élèves et l'enseignante ou l'enseignant.

LABO DU HASARD

Réparti sur six pages et environ deux périodes de mathématique,
chaque Labo du hasard amène l'élève à expérimenter des activités
liées au hasard et à développer son sens critique vis-à-vis du jeu.

LE SAVAIS-TU ?

L'élève prend connaissance d'un peu
d'histoire ou d'aspects étonnants de
la mathématique.

MANUEL DE L'ÉLÈVE **3**
VOLUME A

2ᵉ cycle
du primaire

Clicmaths

MATHÉMATIQUES AU PRIMAIRE

Sylvio Guay
Steeve Lemay
Denise Charest

Éditions Grand Duc
Groupe Éducalivres inc.
955, rue Bergar, Laval (Québec) H7L 4Z6
Téléphone: 514 334-8466 ▪ Télécopie: 514 334-8387
InfoService: 1 800 567-3671

REMERCIEMENTS

Pour son travail de vérification scientifique de la didactique et du contenu mathématique, l'Éditeur témoigne sa gratitude à M. Jean-Marie Labrie, Ph. D., ex-professeur à la Faculté d'éducation de l'Université de Sherbrooke.

Pour sa participation et son soutien de tous les instants, l'Éditeur tient à remercier M. Pierre Mathieu, conseiller pédagogique en mathématiques.

Pour leurs suggestions et leurs judicieux commentaires, à l'une ou l'autre des étapes du projet, l'Éditeur tient à remercier Mme Danielle Girard, conseillère pédagogique, C. s. de la Pointe-de-l'Île et M. Marcel Robillard, enseignant, École La Perdriolle, C. s. des Trois-Lacs, et chargé de cours en mesure et évaluation à l'Université du Québec à Montréal.

L'Éditeur tient aussi à souligner la participation des personnes suivantes :

Mme Francine Barbeau, enseignante,
  École Montagnac,
  C. s. des Premières-Seigneuries ;
M. Jean-Claude Bardier, enseignant ;
Mme Micheline Baril, enseignante,
  C. s. des Draveurs ;
Mme Julie Bertrand, enseignante,
  École Laurendeau-Dunton,
  C. s. Marguerite-Bourgeoys ;
Mme Thérèse Blais, enseignante,
  École Le Ruisselet, C. s. des Découvreurs ;
Mme Nancy Bouchard, enseignante,
  École Jules-Vernes, C. s. de la Pointe-de-l'Île ;
Mme Suzanne Brassard, enseignante,
  École de la Pulperie,
  C. s. des Rives-du-Saguenay ;
Mme Thérèse Bureau, enseignante,
  École Hébert, C. s. de Laval ;
Mme Johanne Cassivi, enseignante,
  École Saint-Jean-Bosco,
  C. s. des Portages-de-l'Outaouais ;
Mme Josée Charland, enseignante,
  École Lac-des-Fées,
  C. s. des Portages-de-l'Outaouais ;
Mme Julie Charland, enseignante,
  École Harfang-des-Neiges,
  C. s. Marguerite-Bourgeoys ;
M. Yvan Demers, enseignant, École du Tremplin,
  C. s. des Sommets ;

Mme Odette Dionne, enseignante,
  École Saint-Joseph, C. s. des Navigateurs ;
Mme Andrée Drolet, enseignante,
  École Sainte-Thérèse, C. s. des Rives-du-Saguenay ;
Mme Annie Du Perron, enseignante,
  École Le Sentier, C. s. de Laval ;
Mme Myriam Ferland, enseignante,
  C. s. des Navigateurs ;
M. Normand Girard, enseignant,
  École Saint-Joseph, C. s. des Rives-du-Saguenay ;
Mme Guylaine Gosselin, enseignante,
  École Sacré-Cœur (Lac-Mégantic),
  C. s. des Hauts-Cantons ;
Mme Claudette Hanna, enseignante,
  École de la Chanterelle, C. s. des Navigateurs ;
Mme Thérèse Hébert, enseignante,
  École Jacques-Buteux, C. s. du Chemin-du-Roy ;
Mme Carole Janson, enseignante,
  École Victor-Thérien, C. s. Marguerite-Bourgeoys ;
Mme Danièle Jean, enseignante,
  École Saint-Michel, C. s. au Cœur-des-Vallées ;
Mme Danielle Lebel, enseignante,
  École Sainte-Lucie, C. s. de la Jonquière ;
Mme Louise Légasse, enseignante,
  École Chanoine-Côté, C. s. de la Capitale ;
Mme Nathalie Lévesque, enseignante,
  École Ludger-Duvernay, C. s. de Montréal ;
Mme Marlyne Lyons, enseignante,
  École La Sablonnière, C. s. des Draveurs ;

Mme Colombe Marcotte, enseignante,
  École aux Quatre-Vents,
  C. s. des Premières-Seigneuries ;
Mme Danielle Martel, enseignante,
  École des Hauts-Clochers, C. s. des Découvreurs ;
M. Junior Martin, enseignant, École Richelieu,
  C. s. du Chemin-du-Roy ;
M. Luc Michaud, enseignant,
  École Eymard, C. s. de la Région-de-Sherbrooke ;
Mme Mélanie Michel, enseignante,
  École Père-Vimont, C. s. de Laval ;
Mme Hélène Mondou, enseignante,
  École Saint-Malo, C. s. de la Capitale ;
Mme Monique Ouellette, enseignante,
  École Sainte-Marie, C. s. de Portneuf ;
Mme Thérèse Maillette, enseignante,
  École Clair-Matin,
  C. s. de la Seigneurie des Mille-Îles ;
Mme Micheline Picher, enseignante,
  École Perce-Neige, C. s. de Portneuf ;
Mme Liette Roy, enseignante, École de la Source,
  C. s. des Affluents ;
Mme Lisette Simard, enseignante,
  École Benoît-Duhamel,
  C. s. du Pays-des-Bleuets ;
Mme Francine St-Pierre, enseignante,
  École du Dôme, C. s. des Portages-de-l'Outaouais.

MANUEL DE L'ÉLÈVE VOLUME A 3

Clicmaths

2e cycle
du primaire

© 2002, Éditions Grand Duc, une division du Groupe Éducalivres inc.
955, rue Bergar, Laval (Québec) H7L 4Z6
Téléphone : 514 334-8466 ■ Télécopie : 514 334-8387
www.grandduc.com

Tous droits réservés

ILLUSTRATIONS : Jean Morin, Jean-François Vachon, Robert Monté

Nous reconnaissons l'aide financière du gouvernement du Canada par l'entremise du Programme d'aide au développement de l'industrie de l'édition (PADIÉ) pour nos activités d'édition.

CODE PRODUIT 2970
ISBN 978-0-03-928415-2

Dépôt légal — 2e trimestre
Bibliothèque nationale du Québec, 2002
Bibliothèque nationale du Canada, 2002

Imprimé au Canada
789 F 987

TABLE DES MATIÈRES

Les pictogrammes de Clicmaths

 Je relève un défi.

 Je travaille sur la feuille que mon enseignant ou enseignante me remet.

 J'effectue une estimation.

 J'utilise ma calculatrice.

 Je travaille à l'ordinateur.

Étape 1

Situation-problème — En route vers l'étang

Personnages

Un « écureuil » et une « grenouille ».

Règles du jeu

- La grenouille place son jeton sur une case départ dans la **zone bleue** de la grille de jeu. Puis, elle spécifie la longueur des bonds qu'elle va faire (de 1 à 9 cases).

- L'écureuil place son jeton sur l'une des cases de la **zone verte.** Il indique ainsi l'endroit où il a creusé le trou.

- La grenouille se dirige vers l'étang en faisant des bonds de la longueur choisie.

- L'écureuil gagne si la grenouille tombe dans le trou. La grenouille gagne si elle saute par-dessus le trou.

- Quand la partie est terminée, on inverse les rôles.

Grille de jeu

0	1	2	3	4	5	6	7	8	9
10	11	12	13	14	15	16	17	18	19
20	21	22	23	24	25	26	27	28	29
30	31	32	33	34	35	36	37	38	39
40	41	42	43	44	45	46	47	48	49
50	51	52	53	54	55	56	57	58	59
60	61	62	63	64	65	66	67	68	69
70	71	72	73	74	75	76	77	78	79
80	81	82	83	84	85	86	87	88	89
90	91	92	93	94	95	96	97	98	99

Activité 1 • La forêt de Petit-gris et de Roussette

Petit-gris et Roussette habitent dans la forêt enchantée des régularités.

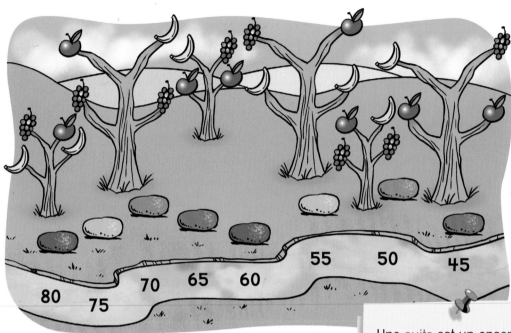

80 75 70 65 60 55 50 45

a) Combien de suites y a-t-il dans la forêt ?

b) Décris chaque suite en expliquant sa régularité.

> Une suite est un ensemble de figures ou de nombres.
>
> Chaque élément de la suite s'appelle un terme.
>
> Dans les suites, les termes sont liés par une ou plusieurs régularités.

Je m'exerce

Trouve les trois prochains termes de chacune des suites ci-dessous.

a) 0, 3, 6, 9, 12, 15, 18, ▢, ▢, ▢

b) 98, 87, 76, 65, 54, ▢, ▢, ▢

c)   ▢ ▢ ▢

d)   ▢ ▢ ▢

Activité 2 • Petit-gris compte ses noisettes

Petit-gris a soigneusement rangé ses noisettes
pour pouvoir les compter sans se tromper.

Dans une grille,
un tableau ou une
disposition rectangulaire
d'objets, les alignements
horizontaux sont appelés
lignes et les alignements
verticaux sont appelés
colonnes.

a) Combien de noisettes Petit-gris a-t-il rangées ?
Explique comment tu les as comptées.

Voici comment Petit-gris a compté ses noisettes.	Roussette également les a comptées. Voici comment elle a fait.
$+10 \quad +10 \quad +10 \quad +10$ 10, 20, 30, 40, 50	$+5 \ +5 \ +5 \ +5 \ +5 \ +5 \ +5 \ +5 \ +5$ 5, 10, 15, 20, 25, 30, 35, 40, 45, 50

b) Quelle est la régularité utilisée par Petit-gris ? et par Roussette ?
Explique tes réponses.

Je m'exerce

Trouve les deux prochains termes de chacune des suites ci-dessous.

a) $+4 \ +4 \ +4 \ +4$
4, 8, 12, 16, 20, ☐, ☐

c) $+8 \ +8 \ +8 \ +8$
8, 16, 24, 32, 40, ☐, ☐

b) $+9 \ +9 \ +9 \ +9$
9, 18, 27, 36, 45, ☐, ☐

d) $+2 \ +3 \ +2 \ +3$
4, 6, 9, 11, 14, ☐, ☐

Je m'entraîne

 1 Complète les suites de nombres ci-dessous.
Précise leur régularité lorsqu'elle n'est pas indiquée.

a) | 0 | 2 | 4 | 6 | 8 | | | | | Régularité : + 2

b) | 100 | 90 | 80 | 70 | 60 | | | | | Régularité :

c) | 1 | 3 | 5 | 7 | 9 | | | 17 | 19 | Régularité :

d) | 39 | 36 | 33 | 30 | | | 21 | | 12 | Régularité :

e) | 85 | 90 | 95 | 100 | 105 | | | | | Régularité : + 5

2 Quel est le terme suivant de chacune des suites ci-dessous ?

a) A   AB   ABC   ABCD   ABCDE   ABCDEF

b)

c) OXXXXX   XOXXXX   XXOXXX   XXXOXX   XXXXOX

d) ♥ ♦♦ ♣♣♣ ♠♠♠♠ ♥♥♥♥♥ ♦♦♦♦♦♦

e)

Complète chacune des grilles de nombres qu'on te remet.

a)

1	2	3	4	5	6
	8	9	10	11	12
13		15	16	17	18
19	20		22	23	24
25	26	27		29	30
31	32	33	34		36

b)

60	61	62	63	64	65	66	67	68	69
70	71	72	73	74	75	76	77	78	79
80	81	82	83	84	85	86	87	88	89
90	91	92	93	94	95	96	97	98	99

Petit-gris cache toujours ses noisettes et ses arachides en suivant une certaine régularité.

Noisettes					
Cachette 1	Cachette 2	Cachette 3	Cachette 4	Cachette 5	Cachette 6

1 noisette	3 noisettes	6 noisettes	10 noisettes	15 noisettes	

Arachides				
Cachette 1	Cachette 2	Cachette 3	Cachette 4	Cachette 5
1 arachide	5 arachides	9 arachides	13 arachides	

 a) Place les noisettes et les arachides telles qu'il les rangera dans la prochaine cachette.

b) Indique combien de noisettes et d'arachides il y aura dans cette cachette.

5 Petit-gris fabrique des colliers avec des pièces de bois ayant les formes suivantes.

a) Dessine les trois prochaines pièces de chacun des colliers ci-dessous en suivant leur régularité.

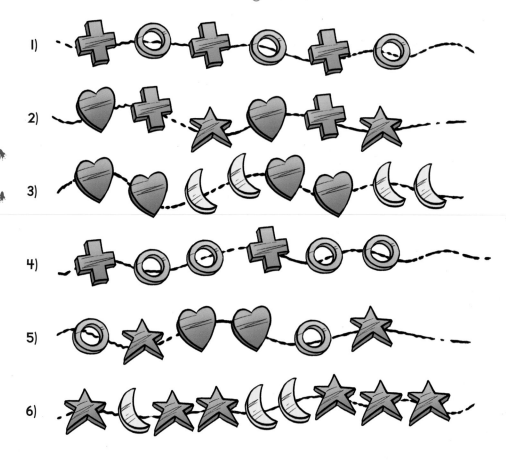

1)

2)

3)

4)

5)

6)

b) Avec les formes de ton choix, invente un collier qui suit une régularité.

6 Complète chacune des grilles qu'on te remet. Précise la régularité lorsqu'elle n'est pas indiquée.

a)

0	10	20	30	40	50	60	70		90
100	110	120	130	140	150	160			
200	210	220	230	240					290
								380	390
400	410						470	480	490

Régularité sur une ligne : + 10.

Régularité dans une colonne : + 100.

b)

0	4	8	12	16	20	24			36
40	44	48	52	56	60	64			76
80	84	88							116
					140	144	148	152	156
	164				180	184	188	192	196

Régularité sur une ligne : .

Régularité dans une colonne : .

7 Trouve les quatre premiers termes de chacune des suites ci-dessous.

a) ☐, ☐, ☐, ☐, 19, 21, 23, 25, 27, … Régularité : + 2

b) ☐, ☐, ☐, ☐, 114, 124, 134, 144, 154, … Régularité : + 10

c) ☐, ☐, ☐, ☐, 300, 250, 200, 150, 100, … Régularité : − 50

d) ☐, ☐, ☐, ☐, 495, 485, 475, 465, 455, … Régularité : − 10

e) ☐, ☐, ☐, ☐, 280, 260, 240, 220, 200, … Régularité : − 20

☆ **f)** ☐, ☐, ☐, ☐, 396, 495, 594, 693, 792, … Régularité : + 99

8 Petit-gris et Roussette viennent de rencontrer Charbonnot le corbeau. Pour s'amuser avec leur nouvel ami, ils lui lancent un défi mathématique.

Petit-gris décrit deux suites à Charbonnot :

« Dans la suite **A**, le premier terme est 25 et la régularité est + 5. Dans la suite **B**, le premier terme est 28 et la régularité est + 4. »

Puis Roussette lui demande :

« Quelle est la suite dont les cinq premiers termes donnent la plus grande somme ? »

a) Selon toi, sans faire de calcul, quelle suite Charbonnot devrait-il choisir ?

b) Vérifie ta réponse en additionnant les cinq premiers termes de chaque suite.

Je suis capable

Roussette se déplace en faisant des bonds.

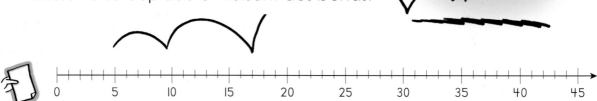

À l'aide des informations suivantes, indique dans chaque cas les trois premiers nombres sur lesquels elle va sauter.

a) Départ : 10.
Longueur des bonds : + 10.

b) Départ : 0.
Longueur des bonds : + 15.

c) Départ : 13.
Longueur des bonds : − 2.

d) Départ : 22.
Longueur des bonds : − 4.

Suites de nombres et régularités

Une suite est un ensemble de figures ou de nombres ordonnés selon une ou plusieurs régularités.

Chaque élément de la suite est appelé terme.

Exemples :

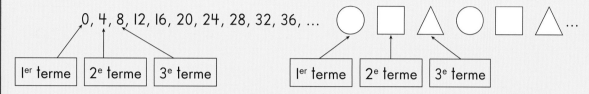

0, 4, 8, 12, 16, 20, 24, 28, 32, 36, ...   ○ □ △ ○ □ △ ...

| 1er terme | 2e terme | 3e terme |

| 1er terme | 2e terme | 3e terme |

Voici une suite de nombres pairs :
$$\overset{+2\ +2\ +2\ +2\ +2\ +2\ +2}{0,\ 2,\ 4,\ 6,\ 8,\ 10,\ 12,\ 14, ...}$$

Voici une suite de nombres impairs :
$$\overset{+2\ +2\ +2\ +2\ +2\ +2\ +2}{1,\ 3,\ 5,\ 7,\ 9,\ 11,\ 13,\ 15, ...}$$

Ces deux suites ont la même régularité, soit + 2, mais n'ont aucun terme en commun.

Dans ma vie

Dans la vie de tous les jours, y a-t-il des choses que tu fais avec une certaine régularité ?

Magasinage, oui !
Gaspillage, non !

Il est très utile de comparer les prix avant de faire les courses. Cela évite de trop dépenser. Le magasinage ne doit pas être du gaspillage.

 **Situation-problème** **Au supermarché**

a) Comment les produits sont-ils disposés sur les tablettes ?

b) Propose une façon plus ordonnée de les présenter. Explique ton choix.

c) Consulte le cahier publicitaire ou le site Internet d'un supermarché. Note les produits qui sont regroupés en paquets de 2, de 3, de 4, de 6, de 12 et de 24.

a) L'illustration ci-dessus correspond-elle à la liste suivante ?

Articles	Quantité
Crayons de couleur	750
Feuilles lignées	1150
Disquettes	72

b) En utilisant seulement des paquets de 100 et de 10, représente le même nombre de crayons que dans l'illustration.

c) En utilisant seulement des paquets de 1000, de 100 et de 10, représente le même nombre de feuilles que dans l'illustration.

Activité 1 • Des pâtes !

macaroni

penne

farfale

rigatoni

Victor s'amuse à représenter des nombres avec des pâtes.
Voici comment il a représenté les nombres 314 et 526.

314

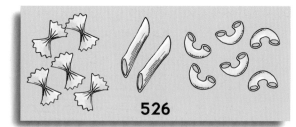

526

a) Avec quel type de pâte Victor représente-t-il

    1) une unité ?   **2)** une dizaine ?   **3)** une centaine ?

b) Avec le système de numération de Victor, représente
    chacun des nombres suivants.

    1) 146   **2)** 616   **3)** 999   **4)** 1000

c) Représente le nombre

    1) 102 en utilisant 12 pâtes ;   **3)** 413 en utilisant 26 pâtes ;

    2) 314 en utilisant 17 pâtes ;   **4)** 1003 en utilisant 13 pâtes.

Je m'exerce

1. Imagine que tu casses ta tirelire pour compter tes économies.
    Tu penses avoir amassé 750 pièces de 1 ¢.

    a) Comment pourrais-tu compter ces pièces ?

    b) Combien de paquets de 100 peux-tu faire avec les 750 pièces ?

    c) Combien de paquets de 10 peux-tu faire avec les 750 pièces ?

2. Dessine des pièces de 1 ¢, des sacs de 10 pièces de 1 ¢ et des boîtes
    de 100 pièces de 1 ¢ pour représenter chacun des nombres suivants.

    a) 92   **b)** 362   **c)** 807   **d)** 1000   **e)** 1012

Activité 2 • Les bons comptes font les bons amis

a) Compte le nombre de billets et de pièces dans l'enveloppe qu'on te remet. Quelle somme d'argent représentent-ils ?

b) Tout en conservant la même somme d'argent, fais des échanges avec tes camarades.

- Si tu as une enveloppe **blanche,** tu dois **réduire** le nombre de billets et de pièces.

- Si tu as une enveloppe **jaune,** tu dois **augmenter** le nombre de billets et de pièces.

c) À la fin de l'activité, compte de nouveau le nombre de billets et de pièces, ainsi que la somme d'argent.

1) As-tu toujours la même somme d'argent ?

2) As-tu réussi à réduire ou à augmenter le nombre de billets et de pièces ?

Lorsque tu fais tes échanges, assure-toi de ne pas perdre d'argent.

Je m'exerce

1. En échange d'un billet de 100 $, combien obtiendrais-tu

   a) de billets de 50 $?   **c)** de billets de 20 $?   **e)** de pièces de 2 $?

   b) de billets de 10 $?   **d)** de billets de 5 $?

2. En échange d'un billet de 1000 $, combien obtiendrais-tu

   a) de billets de 100 $?   **b)** de billets de 10 $?   **c)** de pièces de 1 $?

Activité 3 • Un sou est un sou

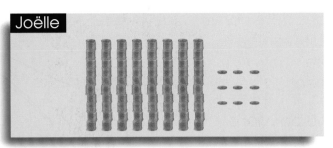

Joëlle

Charles

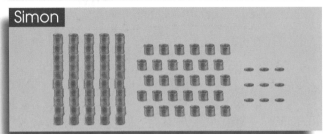

Simon

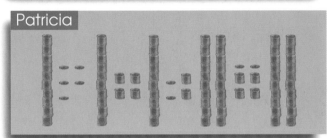

Patricia

Pour compter leurs économies, Joëlle, Simon, Charles et Patricia groupent certaines pièces en paquets de 100 et de 10.

100 ¢   10 ¢   1 ¢

a) Calcule la somme d'argent de chaque personne. La somme est-elle la même pour chacune ?

b) Représente les économies de chacune des personnes d'une autre façon.

Je m'exerce

Observe la légende suivante.

○ équivaut à 1000 unités.   □ équivaut à 100 unités.   ♡ équivaut à 10 unités.   △ équivaut à 1 unité.

En utilisant ce système de numération, représente chacun des nombres suivants de deux façons différentes.

a) 42   **c)** 381   **e)** 620
b) 156   **d)** 403   **f)** 1052

Je m'entraîne

I Au pays des « sous noirs », tout s'achète uniquement avec des pièces de un cent (I ¢).

a) D'après toi, qu'arriverait-il si nous ne pouvions utiliser que des pièces de un cent (I ¢) ?

b) Comment pourrait-on améliorer un tel système ?

2 Observe l'illustration.

> Il y a autant de disquettes à ma gauche qu'à ma droite.

Le castor a-t-il raison ?

3 Observe les deux représentations suivantes.

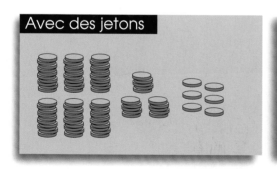

Avec des jetons · Avec du matériel multibase

a) Quels sont les nombres représentés ?

b) Représente le premier nombre avec du matériel multibase.

c) Représente le second nombre avec des jetons.

4 Simone a acheté des feuilles lignées. Voici les paquets de 100 et de 10 feuilles qu'elle a achetés.

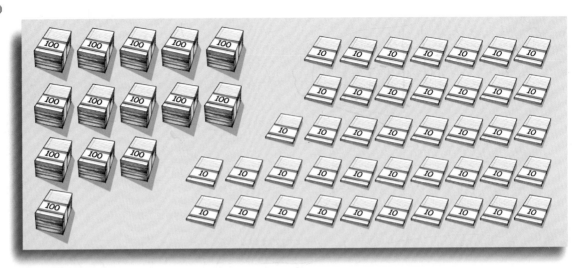

a) Simone partage également la quantité totale de feuilles avec sa jeune sœur. Représente la quantité de feuilles que chacune aura.

b) Partage la quantité de feuilles de sorte que Simone ait 120 feuilles de plus que sa jeune sœur. Combien de feuilles auront-elles chacune ?

5 Voici tous les clous que l'on peut trouver dans trois quincailleries.

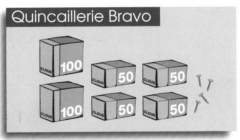

Ces quincailleries ont-elles la même quantité de clous ?
Explique ta réponse.

6 En visitant Montréal, Sonia s'est amusée à compter les fenêtres d'un édifice.

a) Combien y a-t-il de fenêtres sur cette façade ?

b) Explique comment tu as procédé pour dénombrer toutes ces fenêtres.

7 Patricia veut s'acheter un équipement de gardienne de but coûtant 1035 $. Elle peut payer avec des billets de 1000 $, de 100 $ et de 10 $, et des pièces de 1 $.

a) 1) Comment doit-elle payer pour utiliser le moins de billets et de pièces possible ?

2) Illustre ta réponse.

b) 1) Comment doit-elle payer si elle ne possède pas de billets de 1000 $?

2) Illustre ta réponse.

Tu achètes des vis à la quincaillerie. Quelles boîtes choisiras-tu si tu as besoin exactement de

a) 220 vis ?

b) 540 vis ?

c) 1110 vis ?

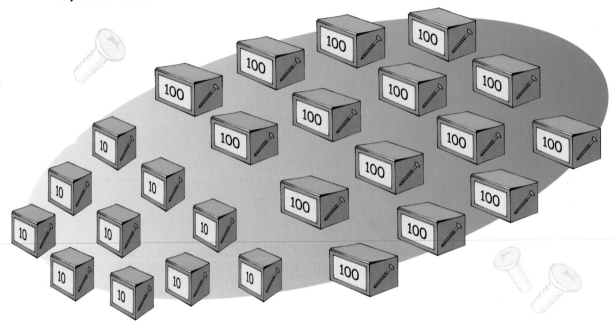

 Voici le décompte des personnes qui ont assisté à des compétitions sportives. Toutes les places des diverses sections étaient prises.

Gymnastique	Nage synchronisée	Tennis	Judo
			1 section de 1000 places
6 sections de 100 places	5 sections de 100 places	11 sections de 100 places	1 section de 100 places
2 sections de 10 places	14 sections de 10 places	2 sections de 10 places	2 sections de 10 places
17 places	8 places	5 places	3 places

a) Quelle discipline a attiré le plus grand nombre de personnes ?

b) Laquelle en a attiré le moins ?

Je suis capable

Jonathan doit acheter 1150 feuilles lignées. Les feuilles se vendent en paquets de 1000, de 100 et de 10.

a) Combien de paquets de chaque sorte pourrait-il acheter? Donne deux solutions différentes.

b) Représente chacune des solutions en dessinant les paquets.

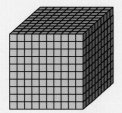

Clic

Système de numération

Regrouper des objets par 10, 100 ou 1000 est très pratique, car ces groupements correspondent bien à notre système de numération.

On peut compter plus facilement 1236 cubes en les regroupant ainsi:

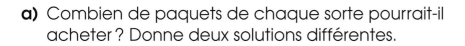

1236 =	(1 × 1000)	+	(2 × 100)	+	(3 × 10)	+	(6 × 1)
1236 =	1000	+	200	+	30	+	6

Dans ma vie

Groupes-tu parfois des objets pour mieux les compter? Donne un exemple.

À chacun son drapeau !

Il n'y a pas deux drapeaux identiques dans le monde. Chaque pays a son propre drapeau, qui fait souvent la fierté des gens qui y habitent.

 Situation-problème

Quelques drapeaux du monde

Observe les drapeaux suivants.

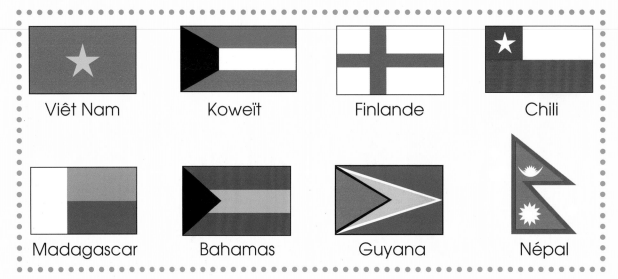

a) En quoi ces drapeaux sont-ils semblables ?

b) En quoi sont-ils différents ?

c) Chacun de ces drapeaux se compose de différentes figures géométriques.

1) Identifie ces figures géométriques.

2) Compte le nombre de côtés de chaque figure.

Situation-problème

Un drapeau pour la classe

Pour créer un drapeau en équipe, chaque membre apporte ses idées.

a) Forme une équipe de quatre avec des camarades.

b) Ensemble, réfléchissez au drapeau qui représenterait le mieux la classe. Il devra comporter des figures géométriques.

c) Dessinez votre drapeau de classe en précisant

1) les formes géométriques qui le composent ;

2) les couleurs choisies ;

3) le matériel nécessaire pour le concevoir.

d) Désignez deux membres de votre équipe pour présenter votre drapeau aux autres élèves.

Activité 1 • De drôles de drapeaux !

En pliant un cure-pipe, Ninon invente des drapeaux de diverses formes.

a) Avec un cure-pipe, construis les formes géométriques suivantes, les unes après les autres.

1)

3)

5)

2)

4)

6)

b) Compte le nombre de côtés de chaque figure.

Un polygone est une ligne brisée **fermée** tracée sur une surface plane.

Les figures suivantes sont des polygones.

Les figures suivantes ne sont pas des polygones.

Les polygones ont des noms différents selon le nombre de leurs côtés :

- 3 côtés : triangle ;
- 4 côtés : quadrilatère ;
- 5 côtés : pentagone ;
- 6 côtés : hexagone ;
- 8 côtés : octogone ;
- 10 côtés : décagone.

Je m'exerce

 Le cure-pipe suivant a été placé sur du papier quadrillé.

⟵——————— 12 unités ———————⟶

Avec un cure-pipe de la même longueur, forme sur du papier quadrillé

a) un carré ;

b) un rectangle ;

c) un polygone formant la lettre L ;

d) un polygone formant la lettre T ;

e) une figure qui n'est pas un polygone.

Activité 2 • Un drapeau géant

La direction de ton école a décidé que le plus beau drapeau de la classe serait peint dans la cour de récréation. Ce sera un drapeau géant qu'on verra même d'un avion !

Avant de peindre le drapeau, il faut représenter son contour sur le sol. On dispose pour cela de 16 mètres de corde.

 Sur du papier pointillé, trace le contour de trois polygones, en utilisant pour chacun 16 unités.

Je m'exerce

1. Sur du papier pointillé, dessine un polygone comportant

   a) 3 côtés ;   **c)** 6 côtés ;   **e)** 10 côtés.

   b) 4 côtés ;   **d)** 8 côtés ;

2. Combien de sommets chacun de ces polygones possède-t-il ?

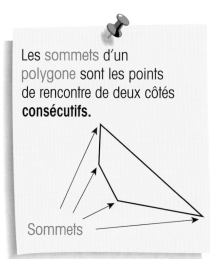

Les sommets d'un polygone sont les points de rencontre de deux côtés **consécutifs.**

Sommets

Activité 3 • Un drapeau géant (*suite*)

Voici quelques polygones tracés par des élèves.

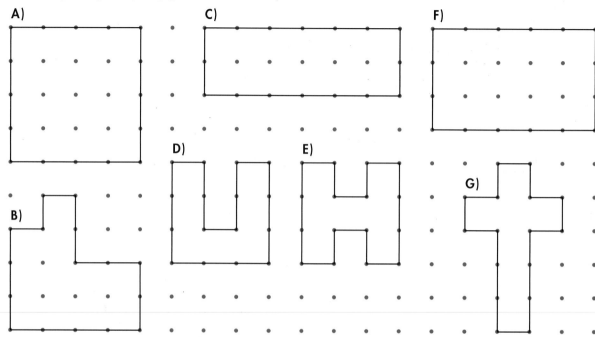

A)

C)

F)

D)

E)

G)

B)

a) Pour chacun des polygones, précise le nombre de

   I) ses côtés ;   2) ses sommets.

b) En quoi ces figures sont-elles

   I) semblables ?   2) différentes ?

c) Parmi ces figures, y a-t-il plus de polygones convexes ou de polygones non convexes ?

Pour savoir si un polygone est convexe, prolonge chacun de ses côtés. Si une ligne passe à l'intérieur du polygone, il est non convexe. Sinon, il est convexe.

Exemples :

Polygone convexe

Polygone non convexe

Je m'exerce

Sur du papier quadrillé, dessine

a) un quadrilatère convexe ;

b) un pentagone convexe ;

c) un hexagone convexe ;

d) un quadrilatère non convexe ;

e) un pentagone non convexe ;

f) un hexagone non convexe.

Je m'entraîne

a) Sur du papier pointillé, construis un polygone à

1) 3 côtés ;   3) 5 côtés ;   5) 8 côtés ;

2) 4 côtés ;   4) 6 côtés ;   6) 10 côtés.

b) Parmi les polygones que tu as tracés, lesquels sont

1) convexes ?   2) non convexes ?

Avec quatre petits carrés
identiques, Maude a construit
les figures suivantes.

Un carré   **Un hexagone**

Un octogone

a) Avec six petits carrés identiques, construis à ton tour

1) un quadrilatère ;   3) un polygone à 12 côtés.

2) un octogone ;

b) Compare tes figures avec celles d'un ou une camarade.

3 Les deux figures suivantes ne sont pas des polygones.
Explique pourquoi.

1)

2)

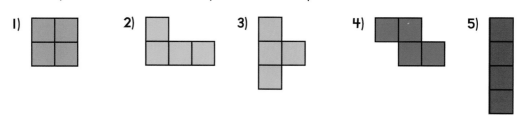

4 Les cinq figures suivantes sont formées de quatre petits carrés.
C'est pour cette raison que l'on dit que ce sont des **tétrominos.**

1)   2)   3)   4)   5)

a) Quel est le nom des polygones formés par chacun de ces
tétrominos ?

b) En utilisant autant de **tétrominos** que tu veux, construis
trois surfaces carrées différentes.

5 On peut construire un casse-tête à l'aide d'une paire de ciseaux
et de papier quadrillé. Coupe le papier une seule fois **en ligne droite.**
Tu obtiens ainsi un casse-tête à deux morceaux.

Exemple :

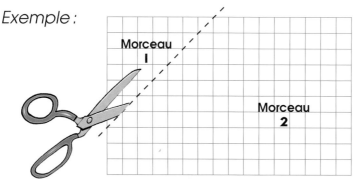

Morceau
1

Morceau
2

a) En procédant de la même façon (sans que les lignes de coupe
se croisent), construis un casse-tête

1) à trois morceaux ;   2) à quatre morceaux.

b) Demande à un ou une camarade de les résoudre.

c) Nomme les polygones que l'on trouve dans le casse-tête

1) à trois morceaux ;   2) à quatre morceaux.

En utilisant quatre triangles isométriques, Hugo a construit deux polygones différents.

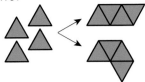

 a) En utilisant six triangles isométriques, construis trois polygones différents.

b) Parmi les polygones que tu as construits, lesquels sont

   I) convexes ?

   2) non convexes ?

7 Dans la salle communautaire, on donne des cours de lecture aux personnes analphabètes. Tous les jours, Julie dispose les tables en les collant les unes aux autres. Elle s'assure qu'il y a autant de places que de participants et participantes.

Les tables ont les formes suivantes.

 Remplis le tableau qu'on te remet. Il doit y avoir autant de places que de personnes assistant au cours.

Jours de la semaine	Nombre de personnes	Disposition des tables	Nom du polygone formé par la disposition
Lundi	5		Quadrilatère
Mardi	6		
Mercredi	8		
Jeudi	15		
Vendredi	9		

8 Une souris affamée a trouvé 15 morceaux de fromage.

Départ

Elle les mange un à un pour ensuite revenir à son point de départ.

Elle se déplace d'un morceau de fromage à l'autre uniquement en ligne droite.

Elle ne passe jamais deux fois au même endroit.

a) Quel pourrait être le trajet de la souris?

b) Est-ce le seul trajet possible?

c) Le polygone formé par le trajet de la souris est-il convexe?

Je suis capable

Le tangram est un casse-tête chinois formé de sept pièces.

Tu pourrais colorier chacune des pièces du rectangle pour créer ton propre drapeau.

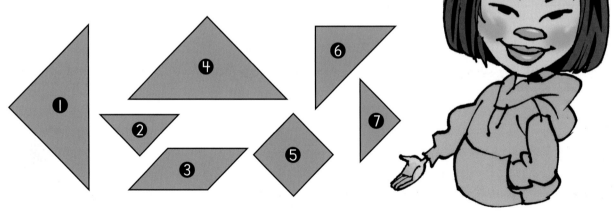

a) En utilisant le plus grand nombre possible de pièces, construis

1) un carré ;   **2)** un triangle ;   **3)** un rectangle.

b) Pour construire chacune des figures, as-tu utilisé plus, moins ou le même nombre de pièces que tes camarades?

Clic

Polygones

Un polygone est une ligne brisée **fermée** tracée sur une surface plane.

Les figures suivantes **sont** des polygones.

Les figures suivantes **ne sont pas** des polygones.

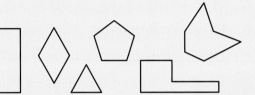

Les polygones ont des noms différents selon le nombre de leurs côtés :

– 3 côtés : triangle ;
– 4 côtés : quadrilatère ;
– 5 côtés : pentagone ;

– 6 côtés : hexagone ;
– 8 côtés : octogone ;
– 10 côtés : décagone.

Les sommets d'un polygone sont les points de rencontre de deux côtés **consécutifs.**

Sommets

Un polygone est dit convexe si l'on ne coupe pas sa région intérieure lorsqu'on prolonge ses côtés.

Exemples :

Polygone convexe

Polygone non convexe

Dans ma vie

Les drapeaux sont souvent formés de polygones. Et toi, où as-tu remarqué des polygones ?

Apprenons en jouant

Situation-problème

Le jeu des serpents et des échelles

The game board (snakes and ladders grid, numbered 1–100):

- 91 | 92 | 93 | 94 (– 30 points) | 95 | 96 (Oups!) | 97 (+ 30 points) | 98 | 99 (Oups!) | 100
- 81 | 82 | 83 (Allez, hop!) | 84 | 85 | 86 (+ 15 points) | 87 | 88 | 89 | 90
- 71 (Avance de 14 cases.) | 72 | 73 (– 25 points) | 74 | 75 | 76 | 77 | 78 | 79 | 80
- 61 (+ 25 points) | 62 (Super! Va à la case 95.) | 63 (Oups!) | 64 | 65 | 66 | 67 | 68 | 69 (Allez, hop!) | 70
- 51 | 52 | 53 | 54 (Allez, hop!) | 55 (Passe un tour.) | 56 | 57 (Oups!) | 58 | 59 | 60
- 41 | 42 | 43 (Oups!) | 44 (+ 15 points) | 45 | 46 (Retourne à la case Départ.) | 47 | 48 | 49 (– 25 points) | 50
- 31 | 32 | 33 | 34 | 35 (– 15 points) | 36 | 37 | 38 | 39 | 40
- 21 | 22 | 23 | 24 | 25 (Recule de 10 cases.) | 26 | 27 (+ 20 points) | 28 | 29 | 30
- 11 | 12 (Allez, hop!) | 13 | 14 | 15 | 16 | 17 | 18 | 19 (Avance de 10 cases.) | 20
- 1 | 2 | 3 | 4 (+ 20 points) | 5 | 6 (Allez, hop!) | 7 (– 5 points) | 8 (Joue de nouveau!) | 9 | 10

Départ 200 points.

Nombre de joueurs et de joueuses

De 2 à 4.

Règles du jeu

- Place ton jeton sur la case Départ.
- Lance les dés.
  - Avance ton jeton du nombre de cases indiqué par la somme des points sur les dés.
  - Lorsque tu te trouves sur une case de couleur, suis les instructions.
- Calcule tes points.
  - Dès le départ, tu as 200 points.
  - Au cours du jeu, tu perdras ou gagneras des points selon les cases où se trouvera ton jeton. Calcule tes points au fur et à mesure sur une feuille de papier.
- La partie s'achève quand un joueur ou une joueuse a atteint la case **100**.
- Après la partie, le ou la secrétaire de l'équipe remplit une feuille de pointage semblable à celle ci-dessous.

Feuille de pointage		
Points de l'élève 1		Points de l'élève 3
Points de l'élève 2		Points de l'élève 4

- La personne gagnante est celle qui a accumulé le plus de points.

C'est plus facile d'apprendre en jouant.

Et plus amusant !

 Et si tu créais une nouvelle planche de jeu avec tes propres règles ?

Activité 1 • Une image vaut parfois mille mots

a) Dans la cour d'école, des élèves s'amusent avec 125 balles de tennis.

Dans le gymnase, d'autres élèves s'amusent avec 100 balles de tennis.

Au son de la cloche, Monique rassemble dans un sac les balles laissées dans la cour et dans le gymnase.

Combien de balles de tennis y a-t-il dans le sac de Monique ?

Laisse les traces de tes calculs.

b) Le matin, 38 voitures sont garées dans un stationnement.

En après-midi, 12 voitures s'y ajoutent.

En soirée, 10 voitures quittent le stationnement.

Combien de voitures y a-t-il dans le stationnement

1) en après-midi ?

2) en soirée ?

Laisse les traces de tes calculs.

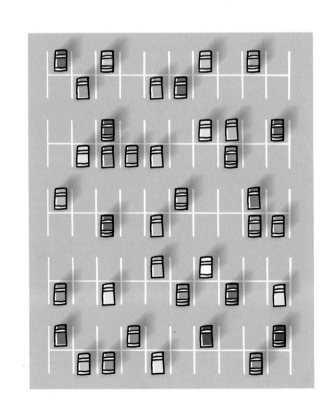

c) Sur les branches d'un érable, 25 oiseaux sont perchés.

Il y a 15 oiseaux de plus dans l'érable que dans le bouleau.

Il y a 10 oiseaux de moins dans l'érable que dans le grand pin.

Combien d'oiseaux y a-t-il

1) dans le bouleau ?

2) dans le grand pin ?

Laisse les traces de tes calculs.

Je m'exerce

Écris ta propre histoire en t'inspirant des illustrations ci-dessous.

Activité 2 • Quelques problèmes d'arithmétique

Voici un matériel qui t'aidera à résoudre les problèmes qui suivent.

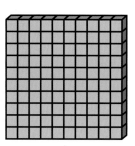

Une plaque
représente 100 unités,
10 dizaines
ou 1 centaine.

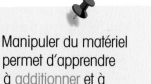

Manipuler du matériel
permet d'apprendre
à additionner et à
soustraire des nombres.

Une barre
représente 10 unités ou 1 dizaine.

Un cube-unité
représente 1 unité.

Effectue les opérations nécessaires à l'aide du matériel ci-dessus.
Dans chaque cas, représente le problème à ta façon,
puis donne la solution.

a) Il y a 875 clous dans l'atelier du père de Xavier. Xavier en utilise
65 pour construire une cabane dans un arbre.

Combien de clous reste-t-il à son père ?

Moi, j'aime bien utiliser du matériel, car je comprends plus facilement.

b) Edwidge a rassemblé dans un album les 740 photographies prises
depuis sa naissance. Elle y ajoute les 120 photos prises à l'occasion
de ses dernières vacances.

Combien de photos y a-t-il dans son album ?

c) Bruno a croisé 165 voitures en se rendant à Chicoutimi. Audrey a croisé 35 voitures de plus que Bruno.

Combien de voitures Audrey a-t-elle croisées?

d) Manu amasse de l'argent pour son équipe de gymnastique. Il a recueilli 125 $ durant le mois de septembre. À la fin du mois d'octobre, il a au total 275 $.

Combien d'argent a-t-il amassé durant le mois d'octobre?

e) Ghislain et Mylène ont joué trois fois au jeu des serpents et des échelles.

Le tableau ci-contre indique leurs points à la fin de chaque partie.

	Ghislain	Mylène
1re partie	53	80
2e partie	102	196
3e partie	338	140

Après les trois parties, combien de points Ghislain avait-il de plus que Mylène?

Je m'exerce

Réponds aux questions suivantes en te référant à l'activité 2.

a) Y a-t-il plus ou moins de clous dans l'atelier après le passage de Xavier?

b) Le nombre de photos dans l'album d'Edwidge a-t-il augmenté ou diminué?

c) Qui a croisé le plus grand nombre de voitures durant son trajet, Bruno ou Audrey?

d) Au cours de quel mois Manu a-t-il amassé le plus d'argent: septembre ou octobre?

e) Après les trois parties, Ghislain avait-il plus de 500 points au total?

Je m'entraîne

1 Mylène et Xavier viennent de finir une partie d'un jeu vidéo.
Voici les trajets qu'ils ont effectués.

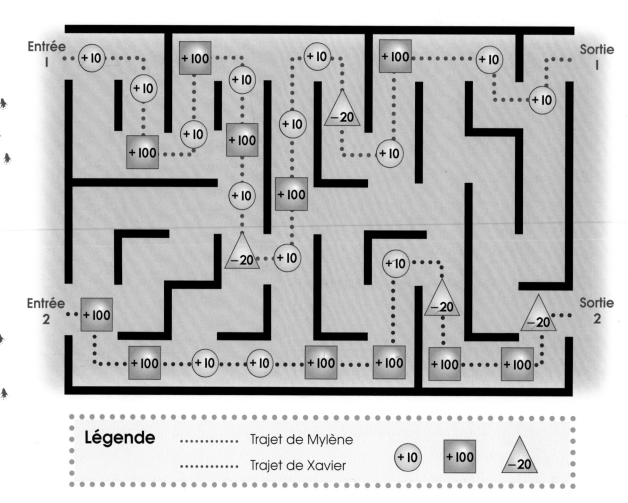

Légende .... Trajet de Mylène

.... Trajet de Xavier   (+10)   +100   (−20)

a) Qui a obtenu le plus de points ?

b) Quelle est la différence de points entre les deux ?

 2 Louisa et Ghislain se présentent à la présidence du conseil
des élèves de leur école. Au total, 475 élèves votent.
Louisa recueille 265 votes. Qui remporte l'élection ?
Écris ta solution.

3 Dans une fête foraine, un des jeux proposés consiste à lancer cinq fléchettes sur une cible.

Voici les points que l'on peut obtenir.

Couleur atteinte	Points marqués
Zone noire	0 point
Zone bleue	10 points
Zone verte	25 points
Zone jaune	50 points
Zone rouge	100 points

Voici les prix à gagner.

Nombre de points obtenus avec cinq fléchettes	Prix gagné	Nombre de points obtenus avec cinq fléchettes	Prix gagné
Exactement 50 points.		Exactement 250 points.	
Exactement 150 points.		Exactement 500 points.	

Essaie de trouver deux façons de gagner

a) un jus ;   **b)** une casquette ;   **c)** un ourson ;   **d)** un gros toutou.

4 Observe la droite numérique ci-dessous.

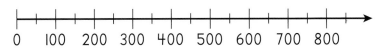

À l'aide de flèches, illustre les opérations suivantes sur la feuille qu'on te remet.

a) 100 + 50   **b)** 50 + 350   **c)** 150 + 200   **d)** 550 − 150

5 Trouve le terme manquant dans chacune des **équations** suivantes.

a) 500 + ⬜ = 735   **c)** 535 + 200 = ⬜   **e)** 354 − 42 = ⬜

b) ⬜ + 500 = 735   **d)** 535 + 200 = ⬜ + 100   **f)** ⬜ − 20 = 230 − 20

6 Julien et Amanda comparent le kilométrage de leurs voitures. Le compteur de la voiture de Julien indique 250 kilomètres de moins que celui de la voiture d'Amanda.

a) Si le compteur de la voiture d'Amanda indique 670 kilomètres, qu'indique celui de la voiture de Julien ?

b) Si le compteur de la voiture de Julien indique 150 kilomètres, qu'indique celui de la voiture d'Amanda ?

c) Donne deux autres exemples de kilométrage que pourraient indiquer les compteurs.

Je suis capable

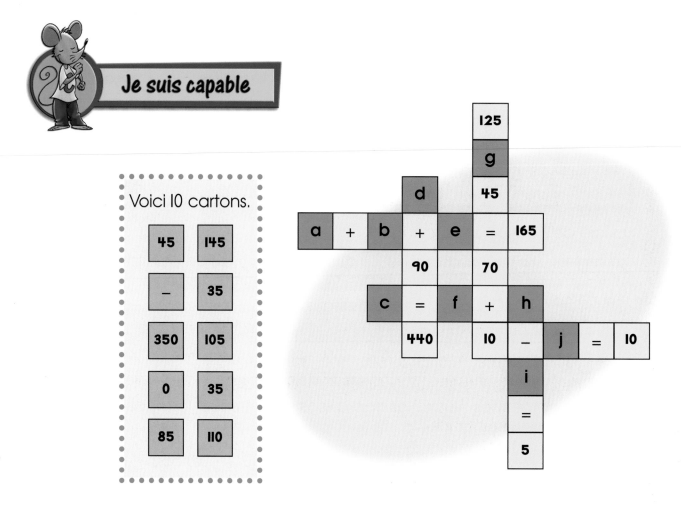

Voici 10 cartons.

45	145
−	35
350	105
0	35
85	110

Complète la grille de nombres croisés ci-dessus. Place les 10 cartons sur les cases identifiées par une lettre en t'assurant que tous les résultats des opérations sont justes.

Clic

Addition et soustraction

Il y a plusieurs façons d'additionner et de soustraire des nombres.

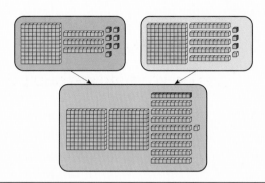

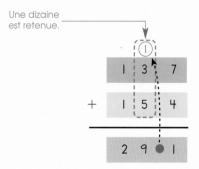

Une dizaine est retenue.

$$
\begin{array}{r}
1\ 3\ 7 \\
+\ 1\ 5\ 4 \\
\hline
2\ 9\ 1
\end{array}
$$

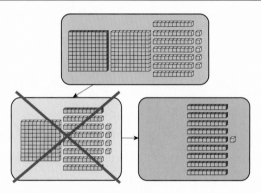

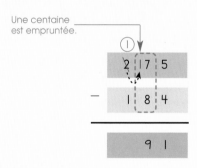

Une centaine est empruntée.

$$
\begin{array}{r}
2\ 7\ 5 \\
-\ 1\ 8\ 4 \\
\hline
9\ 1
\end{array}
$$

Certaines stratégies permettent parfois de simplifier les calculs.
Par exemple :

- 197 + 208 est équivalent à 200 + 205, dont le résultat est 405;

- 625 – 115 est équivalent à 625 – 100 – 10 – 5, dont le résultat est 510.

Dans ma vie

Lorsqu'on joue aux cartes, il faut souvent additionner ou soustraire.

Et toi, quand t'arrive-t-il d'utiliser des additions ou des soustractions en dehors de l'école ?

Quel métier choisir ?

Situation-problème **Détective**

Les détectives doivent avoir un bon sens de l'observation pour mener leurs enquêtes. La géométrie est très utile pour développer cette qualité.

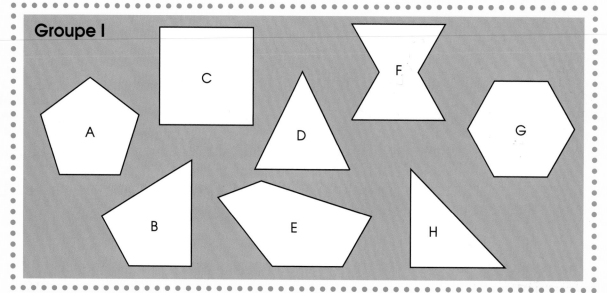

Groupe I

A B C D E F G H

a) Parmi les figures ci-dessus, choisis un polygone.

1) Décris-le à un ou une camarade sans le nommer et sans indiquer la place qu'il occupe.

2) Ton ou ta camarade doit déterminer quel polygone tu as choisi.

3) Reprends l'exercice en changeant de rôle.

Pense à utiliser certains attributs des figures, par exemple :
– le nombre de côtés ;
– la longueur des côtés ;
– le nombre de sommets ;
– autres.

b) Avec la même personne, reprends l'exercice avec chacun des trois groupes de polygones suivants.

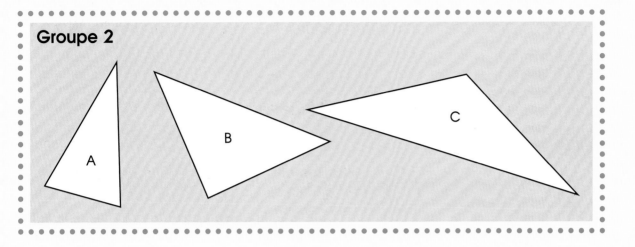

Groupe 2

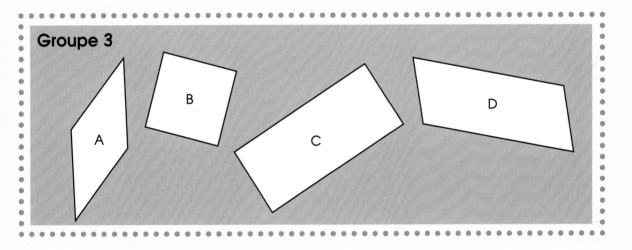

Groupe 3

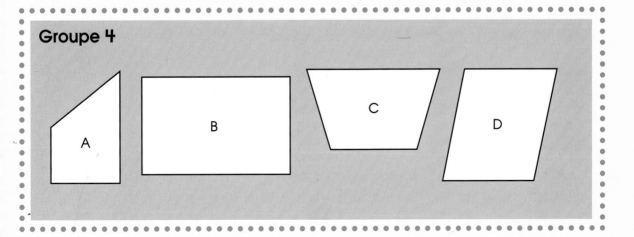

Groupe 4

Activité 1 • Horloger ou horlogère

I. Lorsqu'on lit l'heure sur un cadran à aiguilles, l'**écartement** entre les deux aiguilles forme un angle.

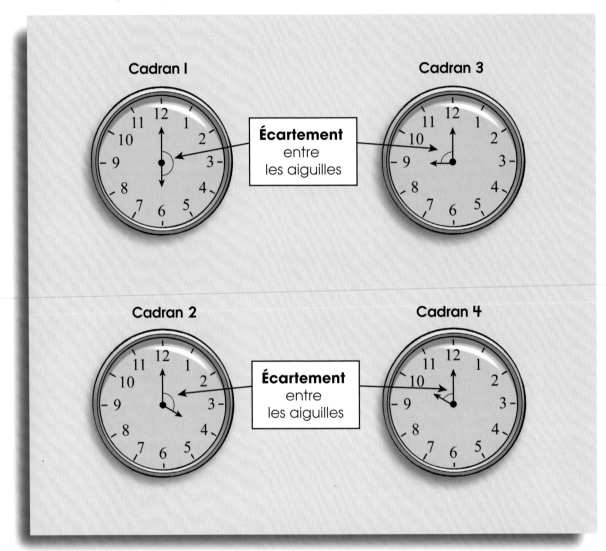

Observe bien les cadrans ci-dessus.

a) À quelle heure correspond l'**écartement** des aiguilles

   1) le plus grand ?   **2)** le plus petit ?

b) À quelle autre heure de la journée y a-t-il un **écartement** semblable à celui du

   1) cadran 2 ?   **2)** cadran 3 ?   **3)** cadran 4 ?

2. Zacharie forme différents angles avec ses bras. Il représente ainsi l'écartement des aiguilles pour indiquer l'heure.

Angle A   Angle B   Angle C   Angle D

a) Dans chaque cas, quelle sorte d'angle Zacharie forme-t-il :
un angle plat, un angle droit, un angle aigu ou un angle obtus ?

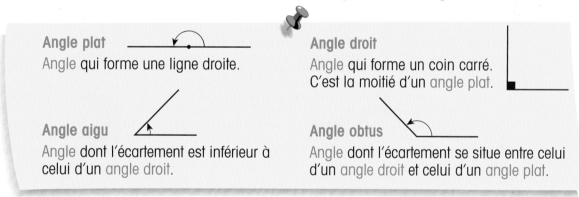

Angle plat
Angle qui forme une ligne droite.

Angle droit
Angle qui forme un coin carré.
C'est la moitié d'un angle plat.

Angle aigu
Angle dont l'écartement est inférieur à celui d'un angle droit.

Angle obtus
Angle dont l'écartement se situe entre celui d'un angle droit et celui d'un angle plat.

b) À quelle heure de la journée les aiguilles forment-elles

1) l'angle **A** ?   2) l'angle **B** ?   3) l'angle **C** ?   4) l'angle **D** ?

Je m'exerce

I. Maximilien a tracé la figure ci-contre.
Quel est le nom de cet angle ?

2. Trace des lignes droites formant

a) deux angles aigus différents ;   **b)** deux angles obtus différents.

Activité 2 • Urbaniste

Des urbanistes tracent les rues des nouveaux quartiers.

Voici le quartier de Marie-Pierre et d'Alex.

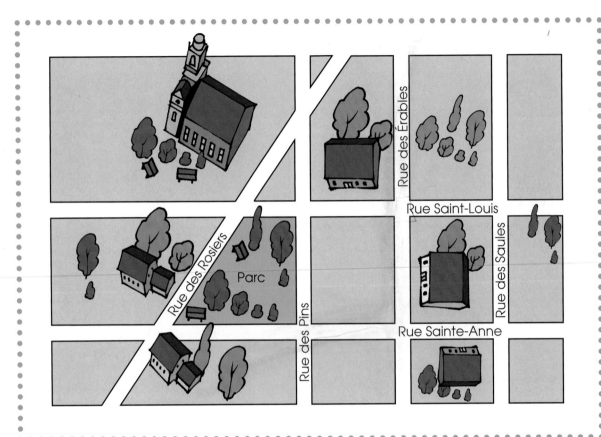

a) Marie-Pierre se promène dans la rue des Érables. Alex se promène dans la rue des Pins. Peuvent-ils se rencontrer ? Explique ta réponse.

b) Nomme deux rues parallèles à la rue des Pins.

c) À présent, Marie-Pierre marche dans la rue des Érables et Alex marche dans la rue Saint-Louis. Peuvent-ils se rencontrer ? Explique ta réponse.

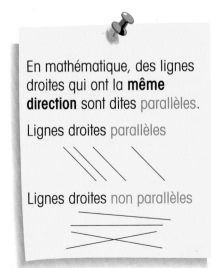

En mathématique, des lignes droites qui ont la **même direction** sont dites parallèles.

Lignes droites parallèles

Lignes droites non parallèles

d) Nomme deux rues

   1) qui se croisent à angle droit ;

   2) qui sont perpendiculaires à la rue
   des Pins ;

   3) qui se croisent sans être
   perpendiculaires.

e) Quelles rues délimitent le polygone
formé par le parc ?

f) Sur ce polygone, indique

   1) deux côtés parallèles ;

   2) deux côtés perpendiculaires ;

   3) deux côtés qui ne sont ni parallèles
   ni perpendiculaires.

En mathématique, des lignes
droites qui se rencontrent à
angle droit sont dites
perpendiculaires.

Lignes droites perpendiculaires

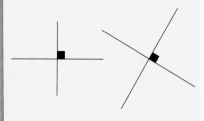

Lignes droites
non perpendiculaires

Je m'exerce

1. Parmi les polygones suivants, lesquels ont des côtés

   a) parallèles ?   **b)** perpendiculaires ?

 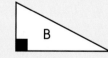  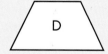 

2. Trace deux polygones différents ayant

   a) seulement deux côtés parallèles ;

   b) seulement deux côtés perpendiculaires ;

   c) cinq côtés, dont deux côtés parallèles et deux côtés perpendiculaires.

Je m'entraîne

1 Observe les illustrations suivantes.

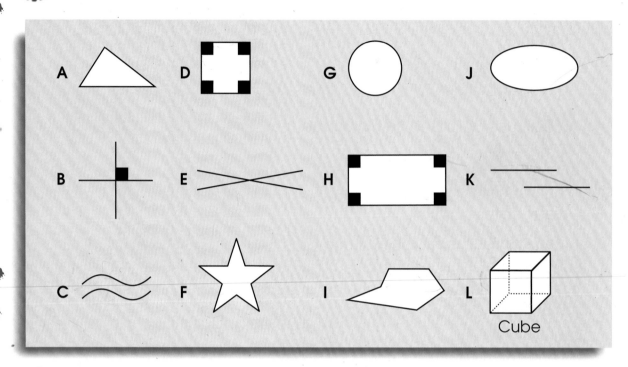

A △ D ✚ G ◯ J ⬭

B ✛ E ✕ H ▭ K ≠

C ≈ F ★ I ⬠ L Cube

Parmi ces illustrations, lesquelles

a) comportent des lignes droites ?

b) comportent au moins une ligne courbe ?

c) comportent des lignes parallèles ?

d) comportent des lignes perpendiculaires ?

e) ne comportent ni lignes parallèles ni lignes perpendiculaires ?

f) comportent des lignes parallèles et des lignes perpendiculaires ?

Une partie de ligne est appelée segment. Une ligne peut être droite ou courbe. Il existe donc deux sortes de segments.

Segments de droites

Segments de courbes

2 Observe les polygones suivants.

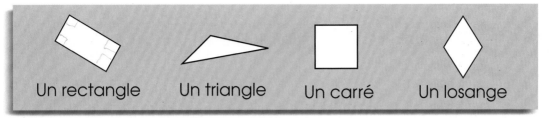

Un rectangle   Un triangle   Un carré   Un losange

a) Combien de côtés chacun de ces polygones a-t-il ?

b) Combien d'angles y a-t-il à l'intérieur de chaque polygone ?

c) Quelles sortes d'angles (angles droits, aigus ou obtus) trouve-t-on dans chaque polygone ?

3 Observe les polygones suivants.

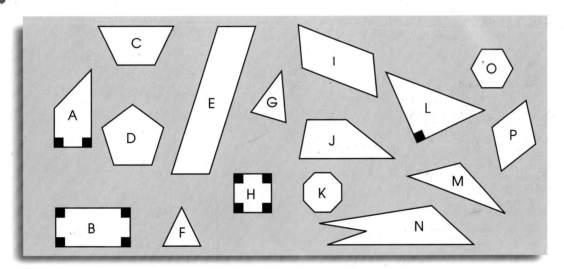

Parmi ces polygones, lesquels

a) ont au moins deux côtés parallèles ?

b) ont au moins deux côtés perpendiculaires ?

c) n'ont pas de côtés parallèles ni perpendiculaires ?

d) ont seulement des angles droits ?

e) ont au moins un angle obtus ?

f) ont au moins un angle aigu ?

4 Pamela fait de magnifiques cartes de souhaits.
Voici quatre illustrations montrant l'ouverture d'une carte.

Illustration 1	Illustration 2	Illustration 3	Illustration 4

Dans quelle illustration l'ouverture
de la carte forme-t-elle

a) un angle droit ?   **c)** un angle obtus ?

b) un angle aigu ?   **d)** un angle plat ?

Utilise une feuille de papier
pour simuler l'ouverture de
la carte de souhaits.

Je suis capable

Léa a écrit son prénom à l'ordinateur.
Elle a utilisé une couleur différente
pour chacun des traits qui composent
les lettres.

a) Donne les couleurs de deux traits

1) parallèles ;   3) ni parallèles ni perpendiculaires.

2) perpendiculaires ;

b) Donne les couleurs de deux traits qui forment

1) un angle droit ;   2) un angle aigu ;   3) un angle obtus.

Parallèles et perpendiculaires

Deux lignes droites sont parallèles si elles ont la même direction.

Deux lignes droites sont perpendiculaires si elles se rencontrent à angle droit.

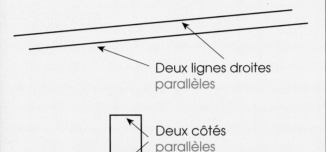

Deux lignes droites parallèles

Deux côtés parallèles

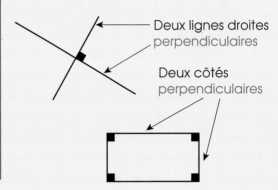

Deux lignes droites perpendiculaires

Deux côtés perpendiculaires

Angles

Un angle peut être plat, droit, aigu ou obtus.

Exemples:

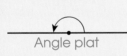 

Angle plat   Angle droit   Angle aigu   Angle obtus

Une partie de ligne est appelée segment. Puisqu'une ligne peut être droite ou courbe, il existe deux sortes de segments.

Segments de droites   Segments de courbes

Dans ma vie

Les lignes parallèles, les lignes perpendiculaires et les angles sont utiles dans de nombreux métiers. Lesquels, selon toi ?

Halloween

Situation-problème **La journée de l'Halloween**

a) Quelle journée de la semaine préfères-tu fêter l'Halloween ?

b) D'après toi, tout le monde de la classe a-t-il la même préférence ?

c) Comment pourrait-on recueillir de l'information à ce sujet ?

d) Comment pourrait-on représenter l'information recueillie pour mieux interpréter la situation ?

Situation-problème Faisons un choix

a) Écris ton prénom sur un carton de couleur d'environ 4 centimètres sur 16 centimètres. Place au verso un morceau de ruban adhésif.

MARIA

b) Sur le diagramme tracé au tableau, place ton carton au-dessus de la journée que tu préfères pour fêter l'Halloween.

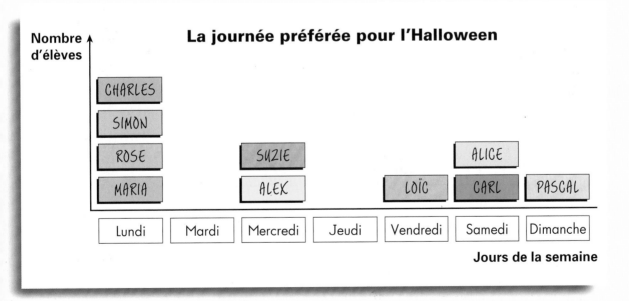

La journée préférée pour l'Halloween

Nombre d'élèves

CHARLES						
SIMON						
ROSE		SUZIE			ALICE	
MARIA		ALEX		LOÏC	CARL	PASCAL
Lundi	Mardi	Mercredi	Jeudi	Vendredi	Samedi	Dimanche

Jours de la semaine

c) Quelles informations se dégagent du diagramme une fois qu'il est complété?

Activité 1 • Les goûts et les couleurs

Un sondage a été réalisé pour mieux connaître les préférences des élèves.

À chaque question de sondage, associe le tableau de données et le diagramme à bandes correspondants. Dans le tableau qu'on te remet, note tes réponses en y écrivant la lettre du tableau et le numéro du diagramme.

Questions de sondage	Tableaux de données	Diagrammes à bandes
Quelle est ta boisson préférée ?		
Quelle friandise préfères-tu avoir dans ton sac d'Halloween ?		
Quel déguisement préfères-tu porter ?		
Quelle est ta couleur préférée ?		

Voici les quatre **tableaux de données**.

A

Fantôme	XXXXXXXXXXXXXXX	16
Vampire	XXXXXXXXXXXXX	14
Sorcière	XXXXXXXXXX	10
Clown	XXXXXX	7
Autres	XXXXXXXXXXXXXXXXXXXXXXXXXX	26

B

Chocolats	Croustilles	Sucettes	Gommes à mâcher	Autres
卌 卌 卌 卌 卌 卌	卌 卌 |||	卌 卌 || 卌 卌	卌 卌 卌	卌 卌 ||||
30	13	22	15	14

C

Bleu	1 2 3 4 5 6 7 8 9 10 11 12 13 14 15 16 17	17
Rouge	1 2 3 4 5 6 7 8 9 10 11 12 13 14 15 16 17 18 19 20 21 22	22
Jaune	1 2 3 4 5 6 7 8 9 10 11 12 13	13
Vert	1 2 3 4 5 6 7 8 9 10 11 12 13 14 15 16 17 18 19 20 21 22 23 24 25 26	26
Autres	1 2 3 4 5 6 7 8 9 10 11 12	12

D

Boisson gazeuse	Lait	Eau	Jus de fruits	Autres
||||| || ||| |||	||| || ||| ||	|||| || ||	|||||||||	|| ||||
14	21	11	28	8

Voici les quatre **diagrammes à bandes**.

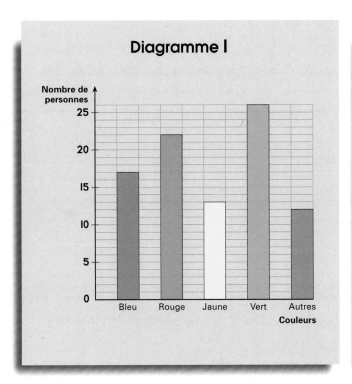

Diagramme 1

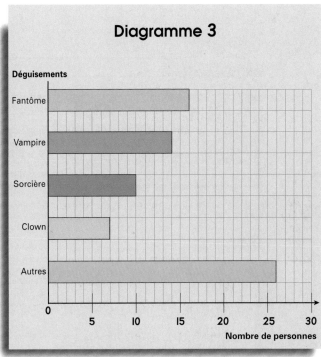

Diagramme 3

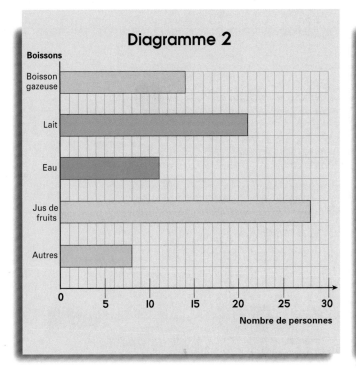

Diagramme 2

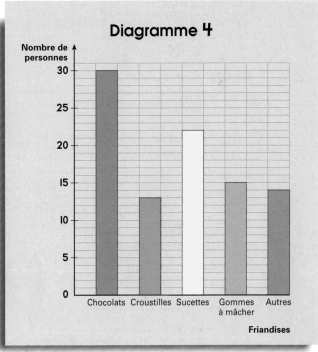

Diagramme 4

Activité 2 • Ding, dong ! Joyeuse Halloween !

Michaël, Sophia et Rémi ont donné des friandises aux enfants le soir de l'Halloween. Ils en ont profité pour noter les divers déguisements.

Michaël

Lion	✓✓
Souris	✓✓✓✓✓
Lapin	✓✓✓✓✓✓
Chat	✓✓✓✓
Autres	✓✓✓✓✓✓✓✓✓✓✓✓✓✓✓✓✓✓✓✓✓✓✓✓✓✓✓✓✓✓✓✓✓✓✓✓✓✓ ✓✓✓✓✓✓✓✓✓✓✓✓✓✓✓✓✓✓✓✓✓✓✓✓✓✓✓✓✓✓✓✓✓✓✓✓✓ ✓✓✓✓✓✓✓✓✓✓✓✓✓✓✓✓✓✓✓✓✓✓✓✓✓✓✓✓✓✓

Sophia

Animaux	Personnages	Végétaux	Objets	Autres
ᚷᚷ ᚷᚷ ᚷᚷ ᚷᚷ ‖ ‖ ᚷᚷ ᚷᚷ ᚷᚷ	ᚷᚷ ᚷᚷ ᚷᚷ ᚷᚷ ᚷᚷ ᚷᚷ ᚷᚷ ᚷᚷ ᚷᚷ ‖ ᚷᚷ	ᚷᚷ ‖‖‖	ᚷᚷ ‖	‖‖

Rémi

Déguisements sécuritaires	Déguisements non sécuritaires	Autres

a) Combien de marques y a-t-il pour chaque catégorie de déguisements ?

b) Que penses-tu des catégories créées par les trois personnes ?

c) Quelles catégories aurais-tu utilisées à leur place ?

Activité 3 • Pensons à tout le monde

Comme plusieurs autres enfants, Charlotte a amassé de l'argent pour les familles démunies.

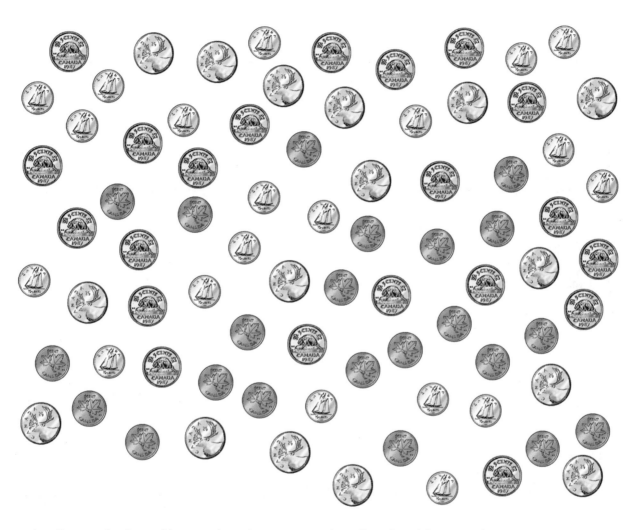

a) Compte les pièces de chaque sorte. Quel est le nombre de pièces de

1) 25 ¢ ?   2) 10 ¢ ?   3) 5 ¢ ?   4) 1 ¢ ?

b) Sur la feuille qu'on te remet, construis un diagramme à bandes avec les résultats que tu as obtenus en **a)**.

c) Combien d'argent Charlotte a-t-elle amassé en tout ?

Je m'entraîne

 Marie-Pierre a réalisé un sondage auprès de ses camarades. Voici son tableau de données et les bandes rectangulaires qu'elle a construites à partir des données recueillies.

Nombre de personnages rencontrés le jour de l'Halloween	
Sorcières	9
Vampires	12
Robots	2
Princesses	6

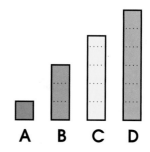

Place chacune des bandes au bon endroit dans le diagramme qu'on te remet.

 Observe le diagramme à bandes ci-dessous.

a) Qui a visité le plus grand nombre de maisons?

b) Qui a visité le moins de maisons?

c) Combien de maisons Angéla et Loïc ont-ils visitées au total? En ont-ils visité plus que Léon?

d) Combien de maisons de plus qu'Alix Léon a-t-il visitées?

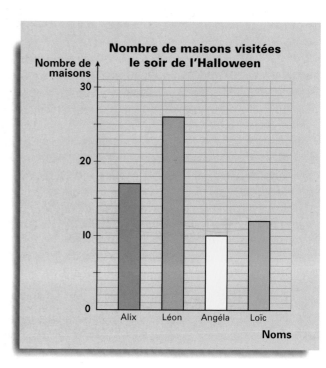

3 Lucas a demandé à plusieurs élèves de son école quelle friandise ils et elles préféraient recevoir dans leur sac d'Halloween.

Voici les données qu'il a obtenues.

Gommes à mâcher	Bâtons de réglisse	Croustilles	Chocolats	Bonbons aux fruits	Sucettes	Autres
I I I I I I I I I I I I I	I I I I I I I I I I I I I	I I I I I I I I I I I I I I I	I I I I I I I I I I I I I I I I I	I I I I I I I I I I	I I I I I I I I I I I I	I I I I I I

a) Compte le nombre de réponses pour chaque catégorie de friandises.

b) À l'aide des résultats que tu as obtenus, complète le diagramme à bandes qu'on te remet.

c) Quelle est la troisième friandise favorite ?

d) Combien de personnes au total préfèrent les croustilles et les chocolats ?

e) Combien de personnes Lucas a-t-il interrogées en tout ?

Prudence !

Gabrielle et Xavier enquêtent pour savoir si les costumes de leurs camarades sont sécuritaires.

Voici les données qu'ils ont rassemblées. Chaque marque correspond à une personne différente.

Costumes sécuritaires	Masques	Costumes peu visibles	Accessoires dangereux	Autres

a) En utilisant ces données, construis un diagramme à bandes.

b) Combien d'enfants portaient un costume qui n'appartenait pas à la catégorie des « costumes sécuritaires » ?

c) Est-ce que la plupart des enfants portaient un costume sécuritaire ? Explique ta réponse.

Clic

Sondage, données et diagrammes

Effectuer un sondage permet de faire ou de confirmer des prédictions.

Les données du sondage peuvent être accumulées et compilées dans un tableau de données.

On représente les résultats d'un sondage à l'aide d'un diagramme statistique.

Un diagramme à bandes est un exemple de diagramme statistique.

Dans l'exemple ci-contre, les différentes composantes d'un diagramme à bandes sont indiquées en rouge.

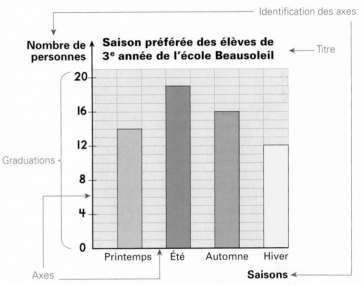

Identification des axes

Nombre de personnes

Saison préférée des élèves de 3e année de l'école Beausoleil

Titre

Graduations

Axes

Saisons

Dans ma vie

Je me demande à quelle heure mes camarades se couchent.

Les sondages permettent de mieux connaître les habitudes des gens.

Et toi, sur quel sujet aimerais-tu faire un sondage ?

Le labo du hasard 1

Est-ce vraiment dû au hasard ?

Atelier 1
Le ballon-panier

Atelier 2
La loi du plus fort

Atelier 3
Roche, papier
et ciseaux

Atelier 4
Les deux
font la paire

Les ateliers suivants proposent différents jeux. Joue quelque temps à chacun et détermine s'il s'agit d'un jeu de hasard ou d'un jeu d'adresse.

Atelier 1 • Le ballon-panier

Matériel

- Un ballon gonflable (ballon d'anniversaire).
- Un panier assez grand pour contenir le ballon.

Objectif

En lançant 10 fois le ballon, essayer de le placer dans le panier.

Marche à suivre

- Placer le panier à environ deux mètres de la ligne de lancer.
- Lancer le ballon à 10 reprises en direction du panier.
- Noter combien de fois le ballon tombe dans le panier pour chaque personne.

Atelier 2 • La loi du plus fort

Nombre de joueurs et de joueuses

Deux.

Matériel

Un jeu de cartes dont on a retiré les as et les figures.

Objectif

Avoir le plus grand nombre de cartes à la fin de la partie.

Marche à suivre

- Mélanger les 36 cartes et les distribuer en deux paquets égaux, face cachée.

- Les deux joueurs ou joueuses tournent simultanément une carte.

- La personne qui a tourné la carte avec le plus grand nombre garde les deux cartes, dans un paquet séparé, qu'on appelle sa « banque ».

- Si le même nombre se trouve sur les deux cartes, chaque personne met dans sa banque la carte qu'elle a tournée.

- Le jeu prend fin quand toutes les cartes ont été tournées.

- Le joueur ou la joueuse qui a le plus grand nombre de cartes dans sa banque a gagné.

Atelier 3 • Roche, papier et ciseaux

La roche	Le papier	Les ciseaux

Nombre de joueurs et de joueuses

Deux.

Objectif

Accumuler le plus grand nombre de points.

Marche à suivre

- Deux personnes cachent une main derrière leur dos. Elles décident si elles vont représenter la roche, le papier ou les ciseaux.

- Lorsqu'elles sont prêtes, elles disent simultanément « Au jeu ! » et montrent leur main à l'autre.

- Si elles ont toutes deux fait le même choix, aucun point n'est attribué.

- Dans les situations ci-dessous, le joueur ou la joueuse qui a fait le choix illustré en rouge dans le tableau obtient un point.

Situation 1		
Situation 2		
Situation 3		

- La personne gagnante est celle qui a le plus de points après 10 parties.

Atelier 4 • Les deux font la paire

Nombre de joueurs et de joueuses

Deux.

Matériel

Un jeu de cartes dont on ne garde que les figures et les as.

Objectif

Avoir le plus grand nombre de cartes à la fin de la partie.

Marche à suivre

- Mélanger les 16 cartes, puis les répartir, face cachée, un peu partout sur une table.

- Une personne retourne deux cartes en les laissant à leur place.

- Si ces cartes forment une paire, le joueur ou la joueuse les met dans sa « banque », puis continue à jouer en retournant deux autres cartes.

Voici deux exemples de paires possibles.

- Si les cartes ne forment pas une paire, on les remet à leur place, face cachée. C'est alors au tour de l'autre personne de jouer.

- Le jeu s'achève quand il n'y a plus de cartes sur la table.

- C'est la personne ayant le plus grand nombre de cartes dans sa banque qui gagne.

Retour sur les ateliers

Forme une équipe de travail avec un ou une camarade.

Ensemble, choisissez l'atelier que vous souhaitez présenter à la classe.

Dans votre présentation, répondez aux questions suivantes.

Un jeu lié uniquement au hasard est un jeu où l'habileté du joueur ou de la joueuse n'est pas en cause.

a) Le jeu choisi est-il lié **uniquement** au hasard ?

b) Si ce n'est pas le cas, à quoi d'autre est-il lié ?

c) Nomme quelques situations de la vie de tous les jours où le hasard intervient ?

d) Comment peut-on décrire le hasard ?

Je m'exerce

Parmi les situations suivantes, lesquelles sont liées **uniquement** au hasard ?

A Gagner un match de hockey.

B Tirer le nom de Pauline parmi 10 noms différents placés dans un sac.

C Obtenir le nombre 3 en lançant un dé ordinaire à six faces.

D Gagner aux échecs.

E Tirer un jeton bleu parmi cinq jetons bleus identiques, placés dans un contenant.

F Obtenir une note parfaite à une dictée.

G Trouver un ami ou une amie en jouant à la cachette.

H Perdre une course à la nage.

I Chanter sans faire de fausses notes.

J Gagner à la loterie.

Je fais le point 1

Nombres

J'ai appris à compter au-delà de 1000.

Opérations

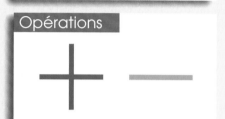

J'ai appris comment additionner et soustraire des nombres à trois chiffres.

Géométrie

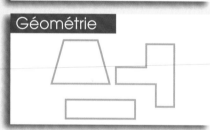

J'en ai appris davantage sur les polygones et sur leurs attributs.

Géométrie

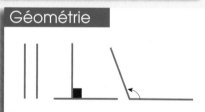

J'ai appris que certaines lignes droites pouvaient être parallèles ou perpendiculaires.

J'ai aussi appris à reconnaître des angles.

Statistique

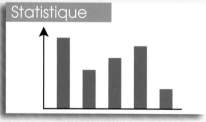

J'ai appris ce que sont un tableau de données et un diagramme à bandes.

Probabilité

J'ai appris à reconnaître des activités liées au hasard.

Étape 2

Les archéologues

Au cours de leur évolution, les humains ont créé différents systèmes de numération qui répondaient à leurs besoins et correspondaient aux moyens de leur époque.

Situation-problème **Remontons le temps !**

Dans certaines régions d'Afrique, on comptait les bêtes d'un troupeau en enfilant des coquillages sur des lanières rouges, bleues et blanches.

Dans l'Égypte antique, on représentait les nombres avec des hiéroglyphes.

123 brebis

123 brebis

Lequel de ces deux systèmes de numération est le préféré de la classe ?

a) Votez tous et toutes pour votre système préféré.

b) Compilez ensemble les résultats dans un tableau.

L'archéologue du futur

En l'an 3010, un archéologue découvre deux ensembles de pierres. Le premier date de l'Égypte antique et le second, des années 2000. Malheureusement, dans les deux cas, l'archéologue n'a trouvé qu'un nombre en pièces détachées.

a) Dans les deux cas, quels nombres l'archéologue a-t-il découverts ?

b) Y a-t-il plusieurs nombres possibles ? Si oui, donne-les tous.

Activité 1 • À toi de trouver !

Les cartons suivants sont affichés au tableau.

5 unités	3 dizaines	15 unités	12 dizaines	11 centaines	8 unités
4 centaines	15 dizaines	2 centaines	12 unités	6 dizaines	0 centaine
12 centaines	0 unité	3 centaines	9 dizaines	11 unités	0 dizaine

Règles du jeu

- Un ou une élève choisit deux cartons sans les montrer.

- En utilisant du matériel multibase, l'élève représente le nombre formé par ces deux cartons.

- Les autres élèves tentent de déterminer les cartons choisis.

Je m'exerce

Écris chacun des nombres représentés à l'aide des cartons ci-dessous.

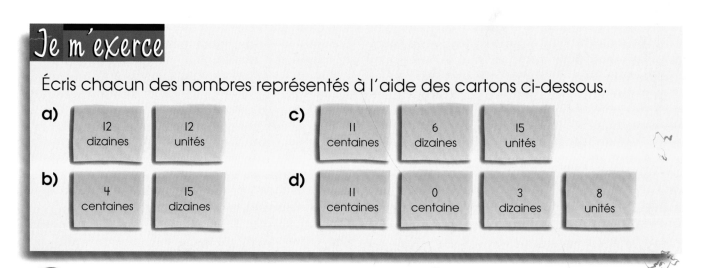

a)
12 dizaines	12 unités

b)
4 centaines	15 dizaines

c)
11 centaines	6 dizaines	15 unités

d)
11 centaines	0 centaine	3 dizaines	8 unités

Activité 2 • Le compteur de Julie

Julie utilise sa calculatrice pour compter les voitures qui passent devant chez elle entre 15 heures et 17 heures. Pour les deux premières voitures, elle appuie sur les touches suivantes.

Le nombre **2** apparaît à l'écran.

Ensuite, chaque fois qu'une autre voiture passe, elle appuie sur la touche = pour faire avancer le compteur de 1.

J'ai inventé la première calculatrice. Elle s'appelait la *pascaline*.

Blaise Pascal (1623-1662)

a) De cette façon, compte jusqu'à 100 avec ta calculatrice.

b) Si l'écran affichait 999, quel nombre apparaîtrait si tu appuyais encore une fois sur la touche = ?

c) À quelle position sont les chiffres qui changent le plus souvent lorsqu'on utilise une calculatrice pour compter par bonds de

1) 1 ?   2) 10 ?   3) 100 ?   4) 1000 ?

Je m'exerce

La calculatrice permet de compter par bonds de 2 lorsqu'on appuie sur les touches suivantes.

À l'aide de ta calculatrice, compte

a) de 50 à 100 par bonds de 2 ;   **c)** de 2000 à 4000 par bonds de 100 ;

b) de 800 à 1000 par bonds de 10 ;   **d)** de 3000 à 9000 par bonds de 1000.

Activité 3 • Le tournoi des grands

Nombre de joueurs et de joueuses

Deux.

Matériel

- Un dé affichant les chiffres de 0 à 5
- Une fiche de résultats

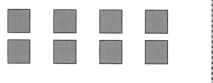

Fiche de résultats

Première personne	▢	▢	▢	▢
Seconde personne	▢	▢	▢	▢
Personne gagnante				

Sur un dé ordinaire, remplace le 6 par un 0.

Objectif

Obtenir le **nombre de quatre chiffres** le plus grand possible.

Règles du jeu

- Les joueurs et les joueuses lancent le dé pour déterminer qui jouera en premier. Ils et elles jouent quatre tours.
- À tour de rôle, chaque personne lance le dé.
- Après chaque lancer, chacune inscrit le chiffre obtenu sur la fiche de résultats à la position de son choix.
- La personne gagnante est celle qui a formé le plus grand **nombre de quatre chiffres.**

Je m'exerce

En utilisant les chiffres de 1 à 9, forme le nombre

a) de trois chiffres le plus grand possible ;

b) de trois chiffres le plus petit possible ;

c) de quatre chiffres le plus grand possible ;

d) de quatre chiffres le plus petit possible.

1 Xavier a inventé le système de numération suivant.

Un sifflet	Un patin	Un bâton de hockey	Une rondelle
1000	100	10	1

a) À l'aide de ces symboles, représente les nombres suivants.

1) 52   **2)** 246   **3)** 605   **4)** 1037

b) Quel est le nombre représenté ci-dessous ?

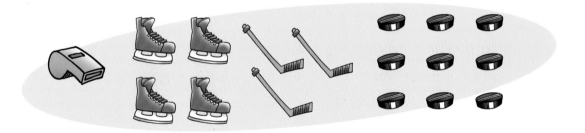

2 À l'aide de ta calculatrice, compte à reculons

a) de 20 à 1 par bonds de 1 ;   **c)** de 1000 à 500 par bonds de 50 ;

b) de 100 à 1 par bonds de 5 ;   **d)** de 500 à 300 par bonds de 10.

3 En utilisant les chiffres 2, 3 et 4 une seule fois chacun, on peut former six nombres à trois chiffres (par exemple : 324).

a) Quels sont ces six nombres ?

b) Place ces six nombres par ordre **décroissant.**

4 Simone tire un jeton d'un sac en papier à quatre reprises. Après chaque tirage, elle replace le jeton dans le sac. Elle forme le plus grand nombre possible avec les chiffres indiqués sur les jetons.

Voici le nombre qu'elle a formé.

a) À ton tour, forme cinq nombres de quatre chiffres.

b) Place ces cinq nombres par ordre croissant.

5 On peut décomposer un nombre en utilisant la valeur de position de chacun des chiffres qui le composent.

Exemples : 3694 = 3000 + 600 + 90 + 4

2813 = 2000 + 800 + 10 + 3

En utilisant ce processus, décompose les nombres suivants.

a) 73   **b)** 481   **c)** 1111   **d)** 4580   **e)** 7005

 6 **a)** Complète le tableau qu'on te remet.

	Ajouter 1	Ajouter 100	Ajouter 1000	Enlever 10	Enlever 100
819				809	
3509					
5900					5800
7999			8999		
8949					

b) Parmi les nombres que tu as obtenus, lequel est

1) le plus grand ?   **2)** le plus petit ?

7 Voici certains symboles du système de numération égyptien.

Une fleur de lotus	Une corde spiralée	Une anse	Un bâton
1000	100	10	1

Voici comment était représenté le nombre 12.

a) En utilisant ces symboles, représente les nombres suivants.

1) 8   **2)** 24   **3)** 608   **4)** 1370   **5)** 6157

b) Combien de bâtons (|) faut-il pour remplacer

1) une anse (∩) ?   **3)** une fleur de lotus ( ) ?

2) une corde spiralée ( ) ?

c) Combien d'anses (∩) faut-il pour remplacer

1) une corde spiralée ( ) ?   **2)** une fleur de lotus ( ) ?

d) Combien de cordes spiralées ( ) faut-il pour remplacer une fleur de lotus ( ) ?

Virginie a représenté notre système de numération avec ce matériel.

Un bloc	Une plaque	Une barre	Un cube-unité
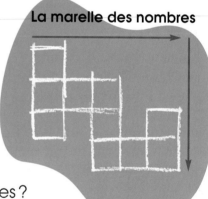			
1000	100	10	1

Dans notre système de numération, combien faut-il

a) d'unités pour remplacer

1) une dizaine ? **2)** une centaine ? **3)** un millier ?

b) de dizaines pour remplacer

1) une centaine ? **2)** un millier ?

c) de centaines pour remplacer un millier ?

 Écris les chiffres de 0 à 9
sur 10 petits cartons carrés.

La marelle des nombres

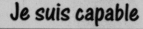 Place ces cartons sur les 10 cases
de la marelle. Les nombres ainsi formés
peuvent être lus de gauche à droite et
de haut en bas.

a) Quelle est la somme de tous ces nombres ?

b) En disposant autrement les cartons, peux-tu obtenir
une somme supérieure ? Explique ta réponse.

Je suis capable

Maintenant, à toi de créer ton propre système de numération !

a) Invente des symboles pour représenter les nombres 1, 10, 100 et 1000. À
l'aide d'un tableau, associe les symboles aux nombres.

b) Avec ces symboles, représente les nombres 62, 975, 2047 et 7654.

Clic

Système de numération

Notre système de numération se compose notamment de groupements de 10, de 100 et de 1000.

Exemple :

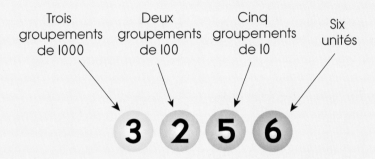

Trois groupements de 1000 — Deux groupements de 100 — Cinq groupements de 10 — Six unités

3 2 5 6

La valeur de chaque chiffre dépend de sa position dans le nombre. C'est la **valeur de position** d'un chiffre.

Exemples :   Dans 2**5**78, la position du chiffre **5** correspond aux centaines et sa valeur est 500.

Dans 27**5**8, la position du chiffre **5** correspond aux dizaines et sa valeur est 50.

Ce système permet de **comparer** facilement les nombres entre eux.

Exemples :   **2**79   est inférieur à **3**48   ou   **2**79 < **3**48.
1023   est supérieur à 897   ou   1023 > 897.
5**2**1   est supérieur à 5**1**9   ou   5**2**1 > 5**1**9.

Dans ma vie

Dans 478, le chiffre 4 a une plus grande valeur que le chiffre 7.

Es-tu capable d'expliquer à un ou à une camarade comment fonctionne notre système de numération ?

Graines, fleurs et potager

Situation-problème

J'adore jardiner

Un agriculteur a organisé un concours pour faire gagner un certain nombre de graines de semence. Les gens tirent au hasard un jeton et une boule placés dans deux boîtes.

- Le jeton détermine le nombre de sachets gagnés.

- La boule détermine le nombre de graines de semence par sachet.

Première boîte   Seconde boîte

a) Tire au hasard un jeton et une boule.

Exemples : Mme Larose a tiré le jeton **4** et la boule **8**.
Elle a donc gagné **4** sachets de **8** graines chacun.

M. Tournesol a tiré le jeton **5** et la boule **6**.
Il a donc gagné **5** sachets de **6** graines chacun.

b) Avec toute la classe, remplis le tableau qu'on te remet.

Noms	Nombre de sachets	Nombre de graines par sachet	Opération permettant de trouver le nombre de graines gagnées	Nombre de graines gagnées
...				
Nombre total de graines données par l'agriculteur				

Bon ensemencement !

Activité 1 • Le jeu du téléphone

Attention ! J'ai une addition à te décrire. Es-tu prêt ?

Oui, j'écoute.

Nombre de joueurs et de joueuses

Deux.

Règles du jeu

- Sur une feuille de papier, la première personne écrit une addition répétée, puis la décrit à son ou à sa camarade, sans la lui montrer.
- Sur une feuille de papier, la seconde personne écrit le message qu'elle a reçu.
- Avec ton ou ta camarade, compare les deux feuilles de papier. Avez-vous réussi à vous comprendre ?
- Changez de rôle et faites une nouvelle partie avec un autre message.

Je m'exerce

1. Représente chacun des cas ci-dessous à l'aide d'une multiplication.

a) 1 + 1 + 1 + 1 + 1 + 1 + 1 + 1

b) 3 + 3 + 3 + 3 + 3 + 3 + 3 + 3 + 3 + 3

c) 0 + 0 + 0 + 0 + 0 + 0 + 0 + 0

d) 10 + 10 + 10 + 10 + 10 + 10 + 10 + 10 + 10

e)

f)

2. Trouve une addition répétée équivalant à chacune des opérations suivantes.

a) 5×7 **b)** 4×9 **c)** 10×6 **d)** 9×8

Activité 2 • Un potager extraordinaire

Voici le potager de la famille Desjardins.

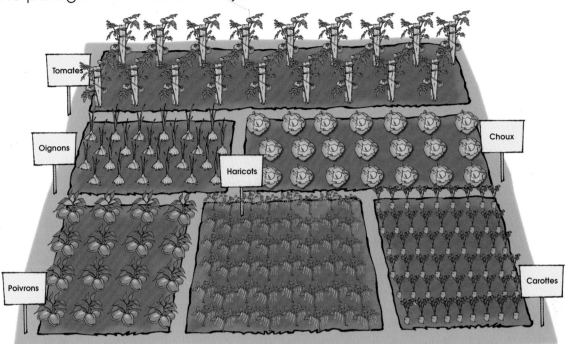

 Combien y a-t-il

a) de plants de poivrons ? **c)** de choux ? **e)** de carottes ?

b) de plants de haricots ? **d)** d'oignons ? **f)** de plants de tomates ?

Je m'exerce

I. Combien de carreaux y a-t-il dans chacune des grilles ci-dessous ?
Trouve une façon rapide de les compter.

a)   **b)**  **c)**   **d)**   **e)**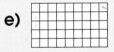

2. Dessine une grille rectangulaire correspondant à chacune des
multiplications suivantes.

a) 7×4 **b)** 8×3 **c)** 8×8 **d)** 9×7

Activité 3 • À table !

Il est très utile de représenter le résultat des multiplications sous la forme d'une table.

La table de multiplication illustrée ci-dessous permet de lire les **égalités** suivantes.

Le résultat d'une multiplication s'appelle produit.
Exemple :

$$9 \times 7 = 63$$

↓   ↓   ↓

Facteur   Facteur   Produit

$1 \times 5 = 5$

$2 \times 1 = 2$

$4 \times 6 = 24$

$7 \times 9 = 63$

$10 \times 2 = 20$

ou

$5 \times 1 = 5$

$1 \times 2 = 2$

$6 \times 4 = 24$

$9 \times 7 = 63$

$2 \times 10 = 20$

×	1	2	3	4	5	6	7	8	9	10
1					5					
2	2									
3										
4						24				
5										
6										
7									63	
8										
9										
10		20								

a) Complète la table de multiplication qu'on te remet. Au besoin, dessine une grille de carreaux (voir numéro **2**, page 83) pour trouver les bons résultats.

b) Quelles régularités observes-tu dans cette table de multiplication ?

c) 1) Encercle les multiplications que tu as le plus de mal à retenir.

2) Essaie de mémoriser les résultats de la table de multiplication.

d) Quel résultat obtient-on quand on multiplie un nombre par 0 ?

Je m'entraîne

1 La famille Desjardins vend ses produits au marché.
Voici son étalage.

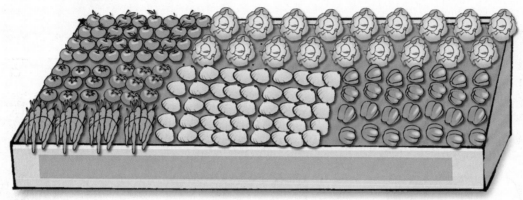

a) Combien y a-t-il

   1) de tomates?   **3)** de carottes?   **5)** d'oignons?

   2) de pommes?   **4)** de choux?   **6)** de poivrons?

   Dans chaque cas, écris la multiplication correspondante.

b) À l'aide d'un dessin permettant de les compter facilement,
représente

   1) 18 carottes;   **2)** 24 pommes;   **3)** 36 cerises.

2 Francis s'entraîne à la nage.
Voici la représentation de la
piscine où il s'entraîne.

Pour se préparer au sprint final,
il décide de nager 72 mètres
à toute vitesse.

Combien de fois doit-il traverser
la piscine

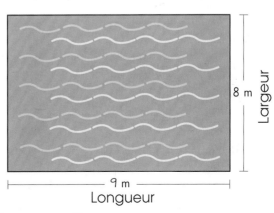

a) sur la **largeur**?   **b)** sur la **longueur**?

3 Dans quelles représentations peux-tu utiliser une multiplication pour compter les pommes ci-dessous ?

a)

b)

c)

4 Zoé a formé les rectangles ci-dessous en utilisant

1) 12 cartons ;

2) 18 cartons ;

3) 30 cartons.

Forme un autre rectangle différent en utilisant

a) 12 cartons ;

b) 18 cartons ;

c) 30 cartons.

5 Emmanuelle a acheté 8 lys. Chaque Lys coûte 3 $.

Combien d'argent a-t-elle dépensé ?

Lys

6 Pour la fête des Mères, Hugo a cueilli 6 sacs de 7 œillets et Françoise, 7 sacs de 6 œillets.

Qui a le plus grand nombre d'œillets ?

Œillet

7 Laurence fête son anniversaire avec sa mère.

Hourra ! J'ai neuf ans.

J'ai quatre fois ton âge, tu sais.

a) Quel âge a la mère de Laurence ?

b) Dans un an, aura-t-elle toujours quatre fois l'âge de Laurence ?

8 Trois sauterelles font une course sur des droites numériques.

Chacune fait des bonds d'une longueur différente.

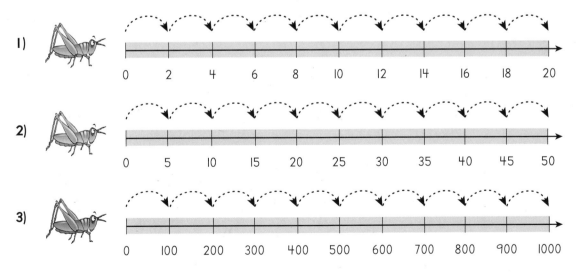

1)

| 0 | 2 | 4 | 6 | 8 | 10 | 12 | 14 | 16 | 18 | 20 |

2)

| 0 | 5 | 10 | 15 | 20 | 25 | 30 | 35 | 40 | 45 | 50 |

3)

| 0 | 100 | 200 | 300 | 400 | 500 | 600 | 700 | 800 | 900 | 1000 |

Exprime le parcours de chacune des trois sauterelles

a) par une addition répétée ;

b) par une multiplication.

9 **a)** Complète le tableau qu'on te remet.

b) Combien de carreaux chaque case contient-elle ?

Je suis capable

Charlotte a fait des conserves de tomates en prévision de l'hiver.
Elle a rangé ses pots sur une étagère compartimentée.

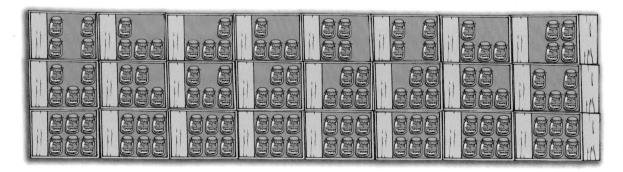

a) Calcule le nombre total de pots de tomates.

b) Compare ta démarche avec celle d'un ou d'une camarade.
Avez-vous utilisé la multiplication ? Pourquoi ?

Clic

Multiplication

Voici des équations contenant
une multiplication.

9	$\times$	7	$=$	⬛
8	$\times$	⬛	$=$	40
⬛	$\times$	5	$=$	30
↓		↓		↓
Facteur		Facteur		Produit

Voici trois représentations
d'une même multiplication.

$$7 + 7 + 7 + 7 + 7 + 7 \quad = \quad 6 \times 7$$

Addition répétée   Multiplication

6×7 6×7

La table de multiplication

×	1	2	3	4	5	6	7	8	9	10
1	1	2	3	4	5	6	7	8	9	10
2	2	4	6	8	10	12	14	16	18	20
3	3	6	9	12	15	18	21	24	27	30
4	4	8	12	16	20	24	28	32	36	40
5	5	10	15	20	25	30	35	40	45	50
6	6	12	18	24	30	36	42	48	54	60
7	7	14	21	28	35	42	49	56	63	70
8	8	16	24	32	40	48	56	64	72	80
9	9	18	27	36	45	54	63	72	81	90
10	10	20	30	40	50	60	70	80	90	100

Lorsqu'un des facteurs d'une multiplication est **0**,
le résultat est toujours **0**.

Exemples :

$3 \times 0 = 0$ $9 \times 0 = 0$

$0 \times 5 = 0$ $0 \times 0 = 0$

Dans ma vie

Quand utilises-tu la multiplication
hors de l'école ?

Hourra !
je fais recycler
24 bouteilles.
$4 \times 6 = 24$
ou
$6 \times 4 = 24$

Mathilde, Charles, Vy et Lucas collectent des fonds pour aider des écoles défavorisées d'Afrique.

Situation-problème

Quatre camarades solidaires

Cette année, les quatre camarades ont recueilli au total 320 $ de plus que l'an dernier.

a) Combien chaque personne a-t-elle pu collecter cette année ?

   1) Donne deux exemples possibles.

   2) Compare tes réponses avec celles d'un ou d'une camarade.

	Argent collecté	
	L'an dernier	**Cette année**
Mathilde	395 $	
Charles	209 $	
Vy	225 $	
Lucas	131 $	
Total	960 $	

b) Les quatre camarades ont pour objectif de collecter 1325 $, l'an prochain.

Combien chaque personne pourrait-elle collecter?

1) Donne deux exemples possibles.

2) Compare tes réponses avec celles d'un ou d'une camarade.

Activité 1 • De bons calculs

a) Dans la grille suivante, choisis deux, trois ou quatre nombres différents qui donnent une **somme de 10**.

0	1	2	3	4	5	6	7	8	9

1) Inscris sur un carton l'**égalité** obtenue. *Exemple :*

$$1 + 2 + 3 + 4 = 10$$

2) Avec tes camarades, affiche dans la classe plusieurs cartons présentant une **somme de 10**.

b) Dans la grille ci-dessous, choisis deux, trois ou quatre nombres qui donnent une **somme de 100**.

En participant à l'activité, j'aide aussi les autres à comprendre.

0	1	2	3	4	5	6	7	8	9
10	11	12	13	14	15	16	17	18	19
20	21	22	23	24	25	26	27	28	29
30	31	32	33	34	35	36	37	38	39
40	41	42	43	44	45	46	47	48	49
50	51	52	53	54	55	56	57	58	59
60	61	62	63	64	65	66	67	68	69
70	71	72	73	74	75	76	77	78	79
80	81	82	83	84	85	86	87	88	89
90	91	92	93	94	95	96	97	98	99

1) Inscris sur un carton l'**égalité** obtenue. *Exemple :*

$$50 + 26 + 24 = 100$$

2) Avec tes camarades, affiche dans la classe plusieurs cartons présentant une **somme de 100**.

c) Dans la grille ci-dessous, choisis deux, trois ou quatre nombres qui donnent une **somme de 1000**.

0	10	20	30	40	50	60	70	80	90
100	110	120	130	140	150	160	170	180	190
200	210	220	230	240	250	260	270	280	290
300	310	320	330	340	350	360	370	380	390
400	410	420	430	440	450	460	470	480	490
500	510	520	530	540	550	560	570	580	590
600	610	620	630	640	650	660	670	680	690
700	710	720	730	740	750	760	770	780	790
800	810	820	830	840	850	860	870	880	890
900	910	920	930	940	950	960	970	980	990

Le résultat d'une addition s'appelle somme.
Exemple :

$$238 + 62 = 300$$

Terme   Terme   Somme

1) Inscris sur un carton l'**égalité** obtenue. *Exemple :*

$980 + 20 = 1000$

2) Avec tes camarades, affiche dans la classe plusieurs cartons présentant une **somme de 1000**.

Je m'exerce

1. Effectue les additions suivantes. Au besoin, utilise du matériel multibase.

a) 45 + 5   **e)** 345 + 100   **i)** 200 + 370 + 230

b) 45 + 10   **f)** 345 + 99   **j)** 200 + 165 + 835

c) 45 + 100   **g)** 345 + 102   **k)** 564 + 536

d) 45 + 115   **h)** 345 + 55   **l)** 564 + 600 + 30 + 6 + 1

2. Pour calculer 63 + 19, Lucas trouve plus simple de calculer 62 + 20.

Trouve une façon plus simple et plus rapide d'effectuer les calculs suivants.

a) 18 + 7   **b)** 76 + 27   **c)** 99 + 56   **d)** 126 + 35   **e)** 514 + 407

Activité 2 • Faisons les comptes

Chaque élève reçoit du matériel correspondant à un nombre situé entre 225 et 275 inclusivement.

Voici le système de numération utilisé.

Un bouton	Un trombone	Une pâte
100	10	1

a) Forme une équipe avec un ou une camarade afin d'obtenir le nombre le plus proche possible de 500.

   1) Le nombre obtenu par chaque équipe est-il inférieur ou supérieur à 500 ?

   2) Quelle équipe a le nombre le plus élevé ?

b) Recommence l'exercice en équipe de trois.
Il s'agit cette fois d'obtenir le nombre le plus proche possible de 750.

c) Recommence l'exercice en équipe de cinq.
Cette fois, il s'agit d'obtenir le nombre le plus proche possible de 1200.

Je m'exerce

Effectue chacune des additions suivantes. Au besoin, utilise du matériel multibase.

a) 185 + 70

b) 467 + 75

c) 649 + 51 + 345

d) 599 + 250 + 112 + 57

Activité 3 • Visons l'objectif

Mathilde, Charles, Vy et Lucas avaient pour objectif de collecter 875 $ en décembre.

Voici l'évolution de leur collecte.

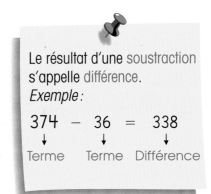

7 décembre	15 décembre	23 décembre	31 décembre
875 $ · 50 $	875 $ · 250 $	875 $ · 435 $	875 $ · 638 $

> Le résultat d'une soustraction s'appelle différence.
> *Exemple:*
>
> 374 − 36 = 338
> ↓ ↓ ↓
> Terme Terme Différence

Combien d'argent leur manquait-il pour atteindre leur objectif

a) le 7 décembre ?

c) le 23 décembre ?

b) le 15 décembre ?

d) le 31 décembre ?

Je m'exerce

I. Trouve le terme manquant de chacune des équations suivantes.

a) 18 + ▢ = 27

c) 125 + ▢ = 210

e) ▢ + 265 = 872

b) ▢ + 52 = 102

d) 376 + ▢ = 945

f) 432 + ▢ = 714

2. a) Effectue chacune des soustractions suivantes. Au besoin, utilise du matériel multibase.

1) 45 − 12

3) 608 − 72

2) 192 − 47

4) 931 − 725

b) Vérifie le résultat de tes soustractions en effectuant l'**opération inverse.**

Exemple: 49 − 16 = 33, car 33 + 16 = 49.

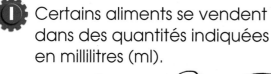

1 Certains aliments se vendent dans des quantités indiquées en millilitres (ml).

a) Représente chacune des quantités en utilisant du matériel multibase.

b) Quel aliment est placé dans un contenant ayant 250 ml de moins que celui de la crème ?

c) Quel aliment est placé dans un contenant ayant 250 ml de plus que celui de la crème ?

d) Réunis des aliments permettant d'obtenir un total de 1250 ml. Donne deux exemples.

e) Remplis le tableau qu'on te remet.

Aliments	Quantité de l'aliment (ml)	Quantité de l'aliment si on l'augmente de 100 ml	Quantité de l'aliment si on la diminue de 10 ml
Jus	200		
Câpres	50		
Confiture	250		
Mayonnaise	750		
Crème	500		
Essence de vanille	75		
Boisson gazeuse	375		
Berlingot de lait	125		

On a représenté les deux nombres suivants à l'aide du matériel multibase.

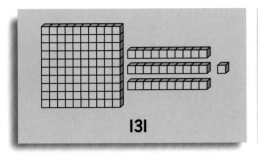

131

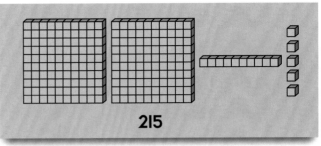

215

 a) Ajoute 908 à chacun des nombres ci-dessus.

b) Enlève 47 à chacun des nombres ci-dessus.

c) Représente le résultat de chacune de ces opérations avec le matériel multibase.

3 Mathilde, Charles, Vy et Lucas ont d'abord amassé 197 $.
Par la suite, les quatre camarades ont collecté 57 $.
Lucas et Charles discutent...

197 + 57...
La somme sera la même que dans l'addition 200 + 54.

Nous avons amassé 254 $.

Comment as-tu fait pour calculer si rapidement ?

Explique comment Lucas a trouvé ces deux expressions équivalentes : 197 + 57 et 200 + 54.

4 Associe le résultat correspondant à chacune des opérations.

a) 265 + 810	**1)** 1350
b) 599 + 700	**2)** 505
c) 500 + 850	**3)** 110
d) 710 − 205	**4)** 310
e) 940 − 630	**5)** 1075
f) 405 − 295	**6)** 1299

Essaie de réaliser cet exercice sans faire de calculs écrits.

5 Complète les tables d'addition qu'on te remet.

a)

+	16		18	41
5		100		
			32	
93				

b)

+	233	145		100
		200		
367			677	
467				

Je suis capable

Mathilde et ses camarades ont recueilli les informations suivantes dans le site Internet de l'Unicef.

Montant du don	Besoins comblés
50 $	Des vitamines A pour protéger 500 enfants contre la cécité.
150 $	Des fournitures scolaires pour un enseignant ou une enseignante et 40 élèves du primaire.
295 $	L'installation d'une pompe à bras approvisionnant un village en eau potable.
500 $	Près de 5000 paquets de sels de réhydratation.

a) Pour répondre à tous ces besoins, quelle somme Mathilde doit-elle collecter avec ses camarades ?

b) Combien d'argent leur manque-t-il si leur collecte atteint 669 $?

Clic

Addition et soustraction

Voici des équations comprenant une addition ou une soustraction.
Dans chacune, il y a un terme manquant.

$$250 \; + \; 750 \; = \; \blacksquare \qquad 850 \; - \; 250 \; = \; \blacksquare$$

$$\blacksquare \; + \; 500 \; = \; 1200 \qquad 900 \; - \; \blacksquare \; = \; 250$$

L'addition et la soustraction sont des **opérations inverses** l'une de l'autre.
Voici une façon d'additionner et de soustraire des nombres.

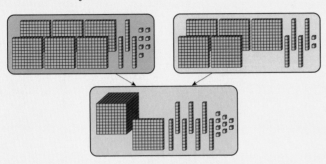

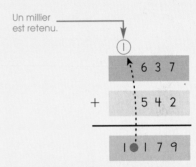

Un millier est retenu.

$$
\begin{array}{r}
\overset{1}{}6\ 3\ 7 \\
+\ \ 5\ 4\ 2 \\
\hline
1\ 1\ 7\ 9
\end{array}
$$

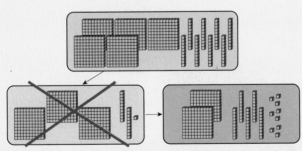

Une dizaine est empruntée.

$$
\begin{array}{r}
5\ \overset{7}{8}\ 0 \\
-\ 3\ 2\ 1 \\
\hline
2\ 5\ 9
\end{array}
$$

Dans ma vie

Il faut savoir additionner et soustraire des nombres pour collecter des fonds.

Et toi, dans quelles situations te sers-tu d'additions et de soustractions ?

Sur la piste des attributs

Bacvert recycle les vieux objets afin de protéger l'environnement. Pour pouvoir les trier, il doit reconnaître les attributs communs à certains objets.

Situation-problème

Le jeu des attributs

Personnages

- Un chat.
- Trois ou quatre souris.

Matériel

- Un jeton par souris.
- Un dé ordinaire.

Règles du jeu

- Les souris choisissent un polygone pour s'y cacher. Elles placent leur jeton sur la figure choisie.

- Pour attraper les souris, le chat lance le dé trois fois. Chaque fois, il lit l'attribut correspondant à la face du dé.

  - ⚀ : au moins deux côtés sont perpendiculaires.

  - ⚁ : tous les angles sont droits.

  - ⚂ : il y a au moins un angle obtus.

  - ⚃ : il y a au moins deux côtés parallèles.

  - ⚄ : il y a seulement deux angles aigus.

  - ⚅ : tous les côtés ont des mesures différentes.

Les côtés ayant le même nombre de petits traits sont **isométriques**.

- Les souris sont éliminées si elles sont cachées derrière une figure qui possède un des attributs lus par le chat.

- Le chat gagne la partie si toutes les souris sont éliminées. Les souris gagnent si au moins l'une d'entre elles n'est pas éliminée.

Activité 1 • Où sont les parallélogrammes ?

Observe les différents attributs des figures ci-dessous (angles, côtés parallèles, nombre de côtés, côtés perpendiculaires, etc.).

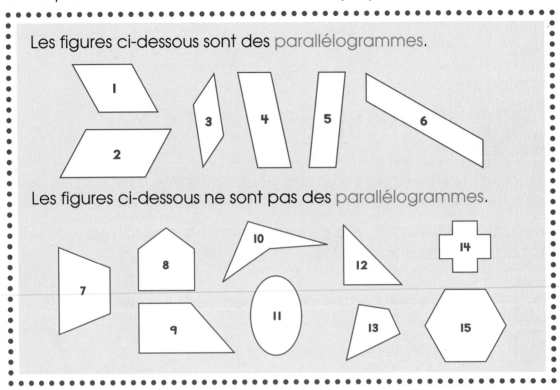

a) Parmi les figures ci-dessous, lesquelles sont des parallélogrammes ?

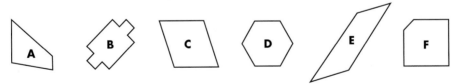

b) Décris les attributs d'un parallélogramme.

Je m'exerce

a) Dessine un quadrilatère qui n'est pas un parallélogramme.

b) Dessine un parallélogramme dont les quatre côtés ont la même longueur.

c) Dessine un personnage en utilisant un cercle pour la tête et des parallélogrammes pour le reste du corps.

Activité 2 • Où sont les trapèzes ?

Observe les différents attributs des figures ci-dessous (angles, côtés parallèles, nombre de côtés, côtés perpendiculaires, etc.).

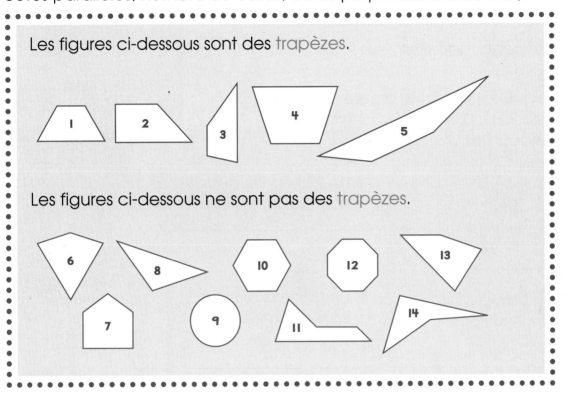

a) Parmi les figures ci-dessous, lesquelles sont des trapèzes ?

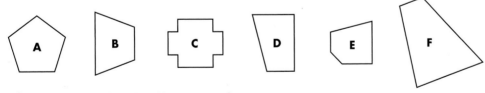

b) Décris les attributs d'un trapèze.

Je m'exerce

a) Dessine un trapèze dont tous les côtés ont des longueurs différentes.

b) Dessine un paysage en utilisant seulement des trapèzes et des parallélogrammes.

Activité 3 • De drôles de tic-tac-toe !

a) Les lignes horizontales des deux grilles ci-contre sont parallèles. Les quadrilatères ainsi formés portent le même nom.

Comment s'appellent-ils ?

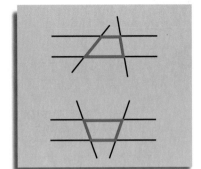

b) Avec des spaghettis, ajoute aux lignes parallèles ci-dessous les deux lignes manquantes pour former

1) un parallélogramme ;

_____

_____

2) un trapèze à deux angles droits ;

_____

_____

3) un trapèze à deux côtés non parallèles isométriques ;

_____

_____

4) un trapèze sans côtés isométriques.

_____

_____

Un trapèze qui a deux angles droits est un trapèze rectangle.

Un trapèze qui a deux côtés non parallèles isométriques est un trapèze isocèle.

Je m'exerce

Sur du papier pointillé, trace les trois figures suivantes.

1)   **2)**   **3)**

Avec ta règle, trace deux autres segments de droite afin que

a) la première figure soit un trapèze rectangle ;

b) la deuxième figure soit un trapèze isocèle ;

c) la troisième figure soit un parallélogramme.

 Voici les drapeaux de trois pays.

Djibouti   Koweït   Antigua-et-Barbuda

a) Identifie toutes les formes géométriques qui composent ces drapeaux.

b) Invente un drapeau rectangulaire qui possède au moins un trapèze et un parallélogramme.

c) Cherche ces pays sur le globe terrestre.

2 Observe l'illustration ci-dessous et repère

a) deux rectangles ;

b) deux parallélogrammes ;

c) deux trapèzes.

3 Le petit robot Géomi a été construit en assemblant différentes figures géométriques.

Avec quelles figures géométriques a-t-on fait

a) sa tête ?

b) ses bras ?

c) son tronc ?

d) ses jambes ?

e) ses pieds ?

f) ses mains ?

4 Nomme deux attributs communs aux trapèzes ci-dessous.

A B C

5 Voici un rectangle, un carré et un parallélogramme.

A B C

Décris les attributs qui permettent de les différencier.

6 Combien de sortes de quadrilatères connais-tu ?

a) Nomme-les.

b) Dessine un exemple de chacun.

Observe les polygones ci-dessous.

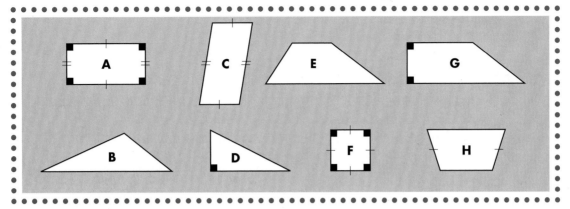

a) Lesquels possèdent

1) au moins deux côtés parallèles ?

2) au moins un angle droit ?

3) des côtés qui ne sont pas isométriques ?

4) au moins un angle obtus ?

5) au moins deux côtés perpendiculaires ?

6) deux côtés isométriques ?

b) Quel est le nom de chacun de ces polygones ?

8 Voici un casse-tête formé de huit pièces.

a) Pour reproduire ce casse-tête

1) décalque-le sur une feuille de papier ;

2) découpe le grand carré, puis les petites figures qui le composent, sans oublier de les numéroter.

b) Nomme chacune des figures. Sois le plus précis ou précise possible.

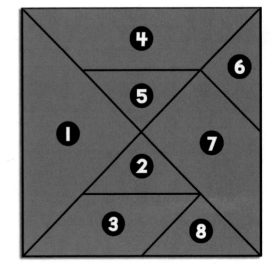

c) Sans regarder dans ton manuel, essaie de reconstruire le grand carré.

Je suis capable

Bacvert récupère des morceaux de papier et de carton.
Il doit souvent les découper pour qu'ils prennent moins de place.

Aide Bacvert à découper ces deux bandes de papier de forme rectangulaire.

a) Découpe deux bandes de papier semblables aux bandes ci-dessus.

b) Fais **deux coupes en ligne droite** à l'intérieur de chacune d'elles afin que les morceaux forment

1) un parallélogramme et deux trapèzes rectangles dans la première bande ;

2) un triangle, un trapèze et un trapèze rectangle dans la seconde bande.

Avant de découper les rectangles, trace les marques de coupe avec un crayon et une règle.

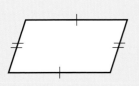
Parallélogrammes et trapèzes

Un parallélogramme est un quadrilatère dont les **côtés opposés** sont **parallèles**.

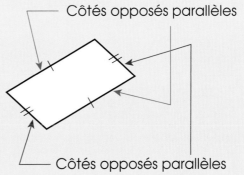

Côtés opposés parallèles

Côtés opposés parallèles

Un trapèze est un quadrilatère ayant **au moins deux côtés parallèles**.

Deux côtés parallèles

Trapèze isocèle   Trapèze rectangle   Trapèze quelconque

Un trapèze qui a deux angles droits est un trapèze rectangle.

Un trapèze dont les deux côtés non parallèles sont **isométriques** est un trapèze isocèle.

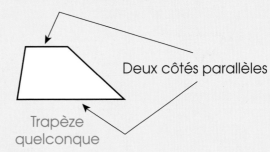

À présent, c'est à ton tour de protéger l'environnement !

Dans ma vie

On trouve différentes figures géométriques dans la nature. Par exemple, les différentes faces des flocons de neige ont une forme polygonale.

As-tu remarqué d'autres figures géométriques dans la nature ?

Vive les vacances !

Les vacances des fêtes sont enfin arrivées. Léa et ses camarades en profitent pour s'amuser.

Situation-problème

La bataille de boules de neige

Léa et ses cinq camarades décident de partager équitablement les boules de neige.

Combien de boules de neige chaque personne aura-t-elle ?

Situation-problème · Une montagne de chocolats

Léa et ses camarades ont préparé 48 petits chocolats.

Ils et elles veulent les ranger dans une boîte en formant un arrangement rectangulaire où chaque rangée contiendra le même nombre de chocolats.

a) Comment disposerais-tu ces 48 chocolats ? Explique ta solution.

b) Combien de rangées y aura-t-il si chaque rangée contient huit chocolats ?

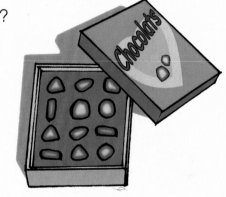

Situation-problème · La course aux points

Léa et ses camarades participent à une course de ski de fond. Pour chaque kilomètre parcouru, ils et elles reçoivent sept points. Le circuit a une longueur de un kilomètre.

À la fin de la journée, Julien a 35 points, Léa, 42 points, et Xavier, 63 points.

Détermine combien de tours du circuit a effectué

a) Julien ; **b)** Léa ; **c)** Xavier.

Activité 1 • Les montagnes russes

Julie a fait deux tours de montagnes russes dans un parc d'attractions. Observe les illustrations ci-dessous.

Premier tour

Deuxième tour

a) Combien de personnes y avait-il au

 1) premier tour ?   2) deuxième tour ?

b) Explique ta façon de les compter.

Julie décide de faire deux tours de plus.

Troisième tour

Quatrième tour

Les passagers et les passagères se répartissent également
dans les wagons.

c) Combien de personnes y aura-t-il dans chaque wagon au

   1) troisième tour ?   **2)** quatrième tour ?

d) Explique la démarche que tu as suivie.

Je m'exerce

Qui aura le plus de pères Noël en chocolat : 9 personnes qui se partagent
équitablement 36 pères Noël en chocolat ou 8 personnes qui se partagent
équitablement 32 pères Noël en chocolat ? Explique ta solution.

Activité 2 • Petit train va loin !

Le petit train de Noël traverse le centre commercial pendant les fêtes.

Combien de wagons y a-t-il si le train transporte

a) 36 personnes avec 4 personnes par wagon ?

b) 48 personnes avec 6 personnes par wagon ?

c) 63 personnes avec 9 personnes par wagon ?

Je m'exerce

1. Tu disposes de 6 sacs pour ranger 54 billes.

  a) Est-il possible de distribuer également toutes les billes dans les sacs ?

  b) Si oui, combien de billes y aura-t-il dans chaque sac ?

2. Un réservoir contient 40 litres d'eau. Si l'eau est distribuée également dans huit contenants, quelle quantité d'eau y a-t-il dans chaque contenant ?

3. Trente-huit personnes vont au carnaval de Québec.
On dispose d'automobiles pouvant transporter chacune cinq personnes.
Combien d'automobiles faut-il ?

Activité 3 • Des sous, encore des sous !

a) En équipe, trouvez une façon de répartir également les 36 pièces de 1 $ ci-dessus dans des bas de Noël.

   1) De combien de bas aurez-vous besoin ?

   2) Trouvez deux autres solutions possibles.

b) Aide Victor à résoudre son problème.

> Avec 72 pièces, combien de bas de Noël contenant 8 pièces chacun puis-je préparer ?

> La division est l'opération qui permet de répondre à la question : Combien de fois trouve-t-on 8 dans 72 ?
>
> La division est notée par le symbole ÷.
>
> *Exemple :* 72 ÷ 8 = ☐
>
> Le résultat d'une division s'appelle le quotient.

Je m'exerce

1. Comment peux-tu répartir également 32 pièces de 1 $ dans plusieurs bas de Noël ? Donne toutes les possibilités.

2. Trouve le terme manquant de chacune des équations suivantes.

   a) 5 × ☐ = 35   **c)** 9 × ☐ = 63   **e)** 48 ÷ 8 = ☐   **g)** 35 ÷ ☐ = 7

   b) ☐ × 8 = 48   **d)** 63 ÷ 7 = ☐   **f)** 56 ÷ 7 = ☐   **h)** ☐ ÷ 8 = 3

1 Durant la récréation, 45 élèves forment 9 équipes. Chaque équipe comprend le même nombre d'élèves.

a) Combien d'élèves y a-t-il dans chaque équipe ?

b) Explique ton raisonnement à l'aide d'un dessin ou du matériel de ton choix.

2 Francis note les activités choisies par les élèves participant à une journée blanche.

Voici les premières inscriptions qu'il a notées par groupes de 5.

Activités	Nombre d'élèves
Raquette	卌 卌
Planche à neige	卌 卌 卌 II
Ski alpin	卌 卌 I
Patinage	卌 IIII

Combien de groupes de 5 personnes Francis devra-t-il faire si

a) 40 élèves font de la raquette ?

b) 20 élèves font de la planche à neige ?

c) 35 élèves font du ski alpin ?

d) 27 élèves font du patin ?

3 Dans une épicerie, on vend des boîtes contenant six bonshommes en chocolat. Combien de boîtes pourra-t-on remplir avec 42 bonshommes ?

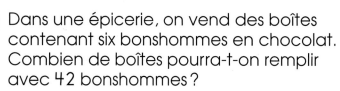

Trouve le terme manquant dans chacune des équations suivantes.

a) $6 \times 4 =$ ▢

b) $8 \times 4 =$ ▢

c) $5 \times 9 =$ ▢

d) $7 \times 6 =$ ▢

e) $9 \times 6 =$ ▢

f) $24 \div 6 =$ ▢

g) $32 \div 4 =$ ▢

h) $45 \div 5 =$ ▢

i) $42 \div 6 =$ ▢

j) $54 \div 9 =$ ▢

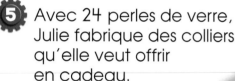 Avec 24 perles de verre,
Julie fabrique des colliers
qu'elle veut offrir
en cadeau.

a) Combien de colliers de 8 perles peut-elle fabriquer?

b) Julie voudrait faire davantage de colliers avec les mêmes perles.
Chaque collier doit avoir le même nombre de perles.

Combien de perles chaque collier pourrait-il contenir?
Explique ta réponse.

6 Écris une histoire qui peut être associée à l'équation suivante.

$$18 \div 6 =$$ ▢

7 Léo représente des lignes brisées de différentes longueurs.

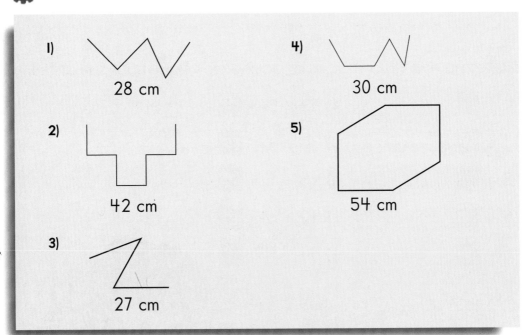

1) 28 cm

2) 42 cm

3) 27 cm

4) 30 cm

5) 54 cm

Chaque ligne brisée est composée de parties isométriques.

Quelle est la mesure de chaque partie de

a) la ligne brisée **1** ?

b) la ligne brisée **2** ?

c) la ligne brisée **3** ?

d) la ligne brisée **4** ?

e) la ligne brisée **5** ?

Je suis capable

Guillaume prépare de la limonade pour la réception de Noël.

a) Pour préparer un pichet de cette limonade, on utilise 6 citrons. Combien de pichets pourra-t-il préparer avec 54 citrons ?

b) Guillaume pense servir 36 verres de limonade au total. S'il partage également les verres de limonade entre 9 convives, combien de verres chaque personne pourra-t-elle boire ?

Clic

Division

La division est notée par le symbole ÷.

Le résultat d'une division s'appelle le quotient.

Il y a plusieurs façons de concevoir la division.

1) Diviser, c'est partager un tout en parties équivalentes.

Exemple: Partager 15 billes entre 3 personnes.

15 ÷ 3 = 5

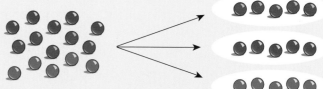

2) Diviser sert aussi à grouper des éléments.

Exemple: On fait une division pour déterminer combien d'équipes de 2 enfants on peut former avec 8 enfants.

8 ÷ 2 = 4

Pour trouver un quotient, on peut

1) effectuer une **soustraction répétée**;

Exemple: 30 ÷ 6 = **5,** car 30 − 6 − 6 − 6 − 6 − 6 = 0

5 fois

2) se poser la question: Combien de fois trouve-t-on 6 dans 30?

30 ÷ 6 = **5,** car 5 × 6 = 30

La division est l'**opération inverse** de la multiplication et vice versa.

Dans ma vie

En divisant, on peut partager également des objets.

Et toi, quand te sers-tu de divisions?

Situation-problème   ## Un bel encadrement

Marc Chagall (Russie, 1887-1985), *En écoutant le coq*, 1944, collection privée, New York.
© Succession Marc Chagall / SODRAC (Montréal) 2002.

Tu as reçu une reproduction de l'œuvre *En écoutant le coq*, de Marc Chagall (1887-1985). Avec un ou une camarade, tu décides de l'encadrer pour la mettre en valeur.

Voici trois modèles de cadre.

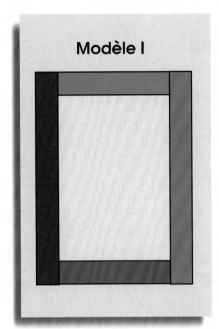

Modèle 1

Modèle 2

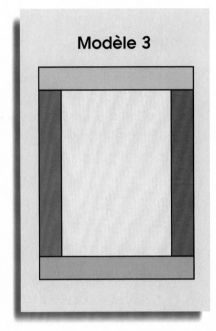

Modèle 3

 a) Les contours des trois cadres ont-ils la même longueur totale ? Ensemble, expliquez votre réponse.

b) Choisissez un modèle de cadre. Avec le plus de précision possible, déterminez la longueur totale de la bande de papier nécessaire pour encadrer la reproduction de l'œuvre de Chagall.

c) Découpez une bande de papier dont la longueur totale vous permettra de réaliser le cadre choisi.

1) Coloriez la bande de papier.

2) Découpez-la aux bons endroits afin de respecter le modèle choisi.

3) Collez-la autour de la reproduction de l'œuvre.

Activité 1 • Des modèles de précision

Nombre de joueurs et de joueuses

Deux.

Objectif

Avec le plus de précision possible, se placer à une distance donnée l'un de l'autre.

Règles du jeu

- L'enseignant ou l'enseignante donne une mesure déterminée à deux élèves de la classe.

- Sans utiliser d'instrument de mesure, les deux élèves essaient de se placer à une distance correspondant à la mesure donnée.

- Les autres élèves estiment si la distance est **exacte, inférieure** ou **supérieure** à la mesure donnée.

- À l'aide d'un instrument de mesure, un ou une élève vérifie si la distance entre les deux élèves est exacte.

Ensuite, c'est au tour de deux autres élèves de jouer !

Je m'exerce

Désigne un objet comportant une longueur d'environ

a) 1 cm ;

b) 1 dm ;

c) 1 m ;

d) 5 cm ;

e) 5 dm ;

f) 30 cm ;

g) 150 cm ;

h) 10 m.

Activité 2 • Le jeu de la figure imposée

Nombre de joueurs et de joueuses

Deux.

Objectif

Simuler une discussion au téléphone pour reproduire une figure.

Matériel

Deux règles graduées en millimètres.

Règles du jeu

- La première personne choisit une figure sur la feuille qu'on lui remet et la décrit avec le plus de précision possible à l'aide de la règle.

- La seconde personne dessine la figure décrite à l'aide de la règle.

Si l'on divise 1 mètre (m) en 1000 parties équivalentes, chaque partie correspond à 1 **millimètre** (**mm**).

Une pièce de 10 ¢, par exemple, mesure 1 millimètre d'épaisseur.

a) Compare les figures. Sont-elles identiques ?

b) Change de rôle et fais une nouvelle partie avec une autre figure.

Je m'exerce

1. Dessine un rectangle dont chacun des petits côtés mesure 20 mm et chacun des grands côtés, 6 cm.

2. Dessine un carré dont chacun des côtés mesure 1 dm.

3. Dessine un triangle ayant deux côtés perpendiculaires et dont les côtés mesurent respectivement 30 mm, 40 mm et 50 mm.

Activité 3 • Les maîtres du mètre

a) Avec les bandelettes fournies, mesure, en équipe de deux, le plus long côté

1) du plancher de la classe ;   **3)** d'un boîtier de CD-ROM.

2) du dessus d'un pupitre ;

b) Mesure à nouveau ces trois longueurs, cette fois avec un mètre gradué en millimètres.

c) Remplis le tableau qu'on te remet avec les mesures que ton ou ta camarade et toi avez prises.

Le plus long côté du plancher de la classe		Le plus long côté du dessus d'un pupitre		Le plus long côté d'un boîtier de CD-ROM	
Bandelettes	Mètre gradué	Bandelettes	Mètre gradué	Bandelettes	Mètre gradué

d) Explique comment vous avez procédé

1) avec les bandelettes ;   **2)** avec le mètre gradué.

e) Quelles différences y a-t-il entre les deux procédés ? Un procédé est-il plus précis que l'autre ? Explique pourquoi.

Je m'exerce

À l'aide d'une règle graduée, complète les énoncés suivants.

a) La longueur d'un trombone mesure ☐ cm et ☐ mm.

b) La longueur d'un crayon à bille mesure ☐ cm et ☐ mm.

c) Le plus long côté d'une feuille lignée mesure ☐ cm et ☐ mm.

d) Je mesure ☐ m et ☐ cm.

e) La hauteur d'une porte mesure ☐ m et ☐ cm.

Je m'entraîne

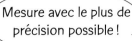
Mesure avec le plus de précision possible !

1 À l'aide d'une règle graduée, trace un segment de droite mesurant exactement

a) 6 cm ;　　　　**c)** 8 cm et 3 mm ;　　　　**e)** I dm.

b) 75 mm ;　　　　**d)** 4 cm et 8 mm ;

2 Quelle est la mesure (en millimètres) du segment ci-dessous ?

_____

3 **a)** Sans utiliser de règle graduée, trace un segment de droite mesurant environ

1) 5 cm ;　　　　**2)** 120 mm ;　　　　**3)** 2 dm.

b) **1)** Avec une règle graduée, vérifie la longueur de chaque segment.

2) Note combien de millimètres il manque ou combien de millimètres en trop il y a par rapport à la longueur donnée.

4 Voici les plans de deux socles de sculpture.

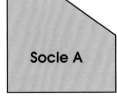

Socle A

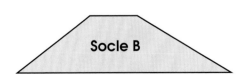

Socle B

Lequel de ces socles a le plus grand contour ?

5 Les œuvres « abstraites » ci-dessous comportent un segment bleu et un segment rouge.

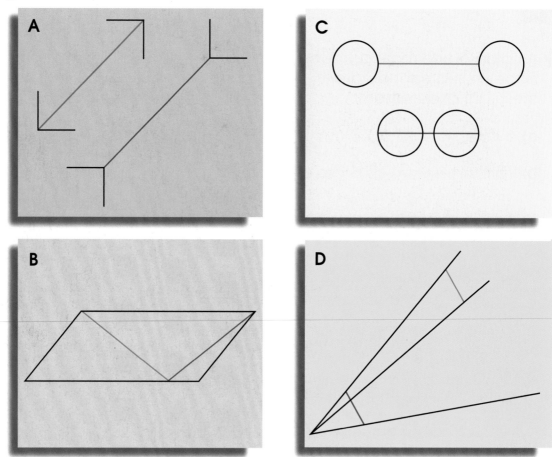

a) Dans chacune des illustrations, quel segment te semble le plus long ?

b) Mesure précisément chacun des segments. As-tu fait le bon choix ?

6 À l'aide d'une règle graduée, mesure

a) la largeur et la longueur du tableau ;

b) la longueur d'un de tes pieds ;

c) la longueur d'une craie neuve ;

d) la grandeur d'un de tes parents.

7 Steven visite un musée. Il s'est placé entre quatre sculptures.

De quelle couleur est la sculpture

a) la plus proche de Steven ?

b) la plus éloignée de Steven ?

8 Avec un cure-pipe de 24 cm de longueur, Rémi a formé

- un triangle dont les côtés sont isométriques ;
- un rectangle dont la longueur mesure le double de la largeur ;
- un carré.

À l'aide de ta règle et de ton crayon, dessine précisément chacune de ces trois figures géométriques.

Dans une exposition d'art abstrait, Nicole s'est arrêtée devant la toile ci-dessous.

a) Quelle est la longueur totale de ce drôle de serpent ?
   Mesure-la avec le plus de précision possible.

b) Sur une feuille, représente un serpent formé de segments de droite. Sa longueur totale doit être de un mètre.

Mètre et système métrique

Le **mètre** est l'unité de mesure de base du **système métrique**.

Pour pouvoir mesurer des petits objets ou pour avoir des mesures plus précises, on a subdivisé le mètre.

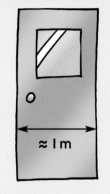

≈ 1 m

Voici 1 **décimètre** (**dm**).

Il y a 10 décimètres dans 1 mètre.

≈ 1 dm

Voici 1 **centimètre** (**cm**).

Il y a 10 centimètres dans 1 décimètre.

Il y a 100 centimètres dans 1 mètre.

≈ 1 cm

Voici 1 **millimètre** (**mm**). -

Il y a 10 millimètres dans 1 centimètre.

Il y a 100 millimètres dans 1 décimètre.

≈ 1 mm

Il y a 1000 millimètres dans 1 mètre.

Dans ma vie

Léonard de Vinci a mesuré le corps humain pour faire ressortir les relations de grandeur entre ses composantes.

Et toi, utilises-tu des mesures lorsque tu dessines ?

Je prédis et j'expérimente !

Atelier 1
Ne perds pas la boule !

Atelier 2
Le lièvre et la tortue

Atelier 4
Brrr !

Atelier 3
Pile ou face ?

Dans chaque atelier, tu devras faire une prédiction et une expérimentation.

Atelier 1 • **Ne perds pas la boule !**

Matériel

- Une bouteille vide de détergent à lessive.
- Des boules rouges et des boules noires identiques, en quantités égales.

Objectif

Prédire le résultat d'un tirage.

Marche à suivre

- Chaque élève prédit de quelle couleur sera la boule tirée de la bouteille.

- On tire au hasard une boule de la bouteille.

Le résultat du tirage correspond-il à ta prédiction ?

Dans une expérience liée au hasard, faire une prédiction, c'est essayer de prévoir le résultat.

Atelier 2 • Le lièvre et la tortue

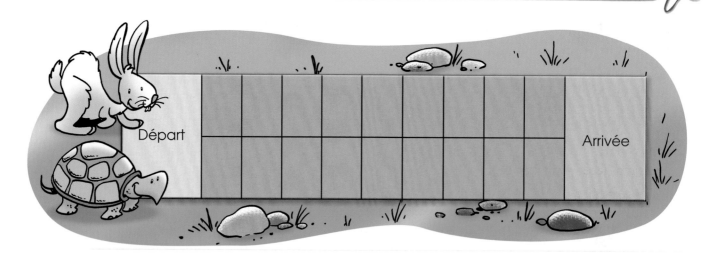

Nombre de joueurs et de joueuses

Deux.

Matériel

- Deux pions, l'un représentant le lièvre et l'autre, la tortue.
- Un dé ordinaire à six faces.
- La piste de course ci-dessus.

Objectif

Prédire le nombre de lancers nécessaires pour atteindre la case Arrivée.

Marche à suivre

- Chaque joueur ou joueuse prédit le nombre de lancers qu'il lui faudra pour atteindre la case Arrivée.
- Chaque personne lance le dé à tour de rôle, puis avance son pion du nombre de cases indiqué par le dé.
- La personne gagnante est celle qui atteint la case Arrivée en premier.

a) Combien de lancers t'a-t-il fallu ?

b) Ce nombre correspond-il à ta prédiction ?

Atelier 3 • Pile ou face ?

Pour savoir qui ramassera les feuilles mortes, Joey, Patricia et David s'en remettent au hasard.

Je choisis deux côtés pile.

Je choisis un côté pile et un côté face.

Je choisis deux côtés face.

Matériel

- Deux pièces de monnaie identiques.

Objectif

Prédire le résultat du lancer des pièces.

Marche à suivre

- Chaque élève prédit si les pièces présenteront deux côtés pile, deux côtés face ou un côté pile et un côté face.

- On lance 20 fois les 2 pièces. On note chaque fois le résultat.

a) Le résultat le plus fréquent correspond-il à ta prédiction ?

b) Observe les résultats de toute la classe. Un résultat semble-t-il plus fréquent que les autres ?

L'hiver s'en vient. Sortons nos foulards, nos tuques et nos mitaines !

Matériel

- Trois sacs.
- Trois foulards, un bleu, un noir et un rouge.
- Deux tuques, une noire et une rouge.
- Deux paires de mitaines, les unes noires et les autres, rouges.

Objectif

Prédire si les accessoires tirés des sacs seront tous de la même couleur ou de couleurs différentes.

Marche à suivre

- Chaque élève prédit si les accessoires tirés seront tous de la même couleur ou non.
- On tire au hasard
  - un foulard du premier sac ;
  - une tuque du deuxième sac ;
  - une paire de mitaines du troisième sac.

Le résultat correspond-il à ta prédiction ?

Clic

Prédictions et expérimentations

Dans une expérience liée au hasard, faire une prédiction, c'est essayer de prévoir le résultat.

Faire l'expérimentation d'activités liées au hasard consiste à réaliser les activités pour mieux comprendre le rôle du hasard.

Je m'exerce

1. Un sac contient trois papiers avec le nom de Sébastien, deux papiers avec le nom d'Andréa et un papier avec celui de Juliette. On tire un nom au hasard pour déterminer qui gagnera une bande dessinée.

   a) Prédis qui sera la personne gagnante.

   b) Ta prédiction se réalisera-t-elle nécessairement ? Explique ta réponse.

   c) À présent, procède au tirage. Ta prédiction s'est-elle réalisée ?

2. Laurence dit à son petit frère : «Si j'obtiens 6 en lançant le dé, je range le jeu, sinon, c'est toi.» Son petit frère accepte.

   a) Et toi, aurais-tu accepté ? Explique pourquoi.

   b) Est-il possible que Laurence range le jeu ?

   c) Lance un dé pour déterminer qui rangera le jeu.

Je fais le point 2

Nombres

9999

J'ai appris que la position d'un chiffre détermine sa valeur dans un nombre.

Opérations

J'ai aussi appris ce qu'est une multiplication et ce qu'est une division.

J'ai appris la table de multiplication.

Géométrie

J'en ai appris davantage sur les quadrilatères, en particulier sur les attributs des parallélogrammes et des trapèzes.

Mesure

J'ai appris à mesurer avec les unités suivantes : le mètre (m), le décimètre (dm), le centimètre (cm) et le millimètre (mm).

Probabilité

J'ai appris à faire des prédictions dans des activités liées au hasard.

Le savais-tu ?

Ave !

Des siècles plus tard, on utilise encore les chiffres romains dans les livres, sur des monuments historiques et même sur certaines horloges.

Livre

Monument

Horloge

Les chiffres romains sont les suivants.

I	V	X	L	C	D	M
1	5	10	50	100	500	1000

Voici des nombres écrits en chiffres romains.

II	III	IV	VI	VII	VIII	IX	XVIII	XX	LIV	CXII	MDCV
2	3	4	6	7	8	9	18	20	54	112	1605

a) 1) Écris le nombre six cent cinquante et un en chiffres romains.

2) Combien de symboles différents as-tu utilisés ?

b) Écris les nombres suivants d'abord en chiffres romains, puis avec les chiffres de notre système de numération actuel.

1) Trente-six

2) Cent un

3) Sept cent cinquante-huit

4) Trois mille huit cent trente-sept

c) Les nombres écrits en chiffres romains exigent-ils toujours plus de symboles que les mêmes nombres écrits selon notre système de numération ? Donne des exemples.

À la rencontre de Pythagore (VIᵉ s. av. J.-C.)

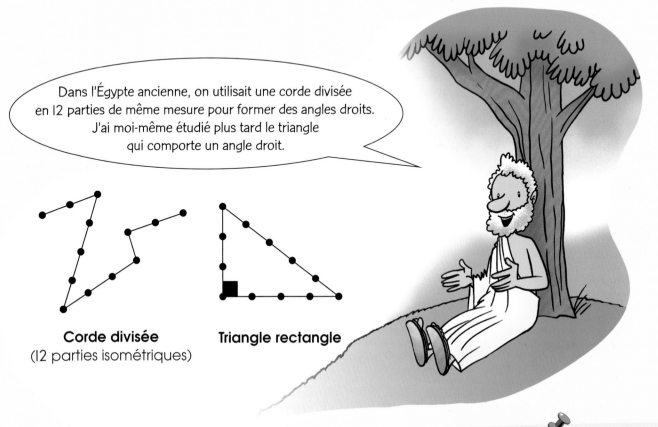

> Dans l'Égypte ancienne, on utilisait une corde divisée en 12 parties de même mesure pour former des angles droits. J'ai moi-même étudié plus tard le triangle qui comporte un angle droit.

Corde divisée
(12 parties isométriques)

Triangle rectangle

Au fil des siècles, on a utilisé différentes méthodes pour tracer des angles droits, surtout pour délimiter des terrains ou construire des bâtiments.

a) Selon toi, comment utilise-t-on une équerre pour tracer un angle droit ?

b) 1) Reproduis le segment de droite ci-dessous, puis trace deux lignes droites perpendiculaires à ce segment.

_____

2) Les deux lignes droites que tu as tracées peuvent-elles se croiser ? Explique ta réponse.

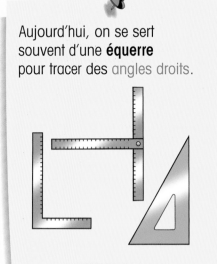

Aujourd'hui, on se sert souvent d'une **équerre** pour tracer des angles droits.

Ce n'est qu'une question de temps !

Dans l'Égypte ancienne, on mesurait le temps avec une horloge à eau, une chandelle à marques, un cadran solaire, etc.

Horloge à eau
(clepsydre)

Chandelle à marques

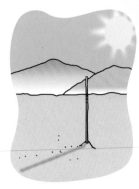

Cadran solaire

a) Quels sont les avantages et les inconvénients des méthodes utilisées par le peuple égyptien ?

b) Parmi ces méthodes, y en a-t-il une que tu préfères ? Explique ta réponse.

c) Comment pourrais-tu utiliser ces méthodes pour mesurer le temps pendant une journée de classe ?

Aujourd'hui, on mesure généralement le temps à l'aide d'une horloge à aiguilles ou à affichage numérique.

Horloge à aiguilles

Horloge à affichage numérique

Ce que je connais

Les nombres

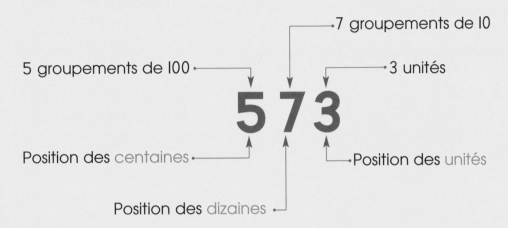

5 groupements de 100

7 groupements de 10

3 unités

5 7 3

Position des centaines

Position des unités

Position des dizaines

- La valeur de chaque chiffre dépend de sa position dans le nombre.

- Une fraction est une partie d'un tout. Un demi $\left(\frac{1}{2}\right)$ et un quart $\left(\frac{1}{4}\right)$ sont deux fractions.

La mesure

Je peux mesurer des longueurs en mètres, en décimètres et en centimètres.

La géométrie

Voici quelques figures géométriques et certains de leurs attributs.

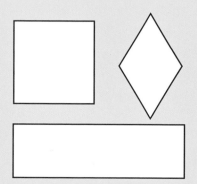

- Les carrés et les losanges ont quatre côtés isométriques.

- Les rectangles ont les côtés opposés isométriques.

Voici un triangle.

Voici un cercle.

Voici quelques solides.

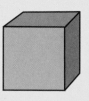

Cube

Prisme à
base triangulaire

Cylindre

Cône

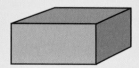

Prisme à
base rectangulaire

Pyramide à
base carrée

Boule